딱! 한달 공부하는
쉬운 독일어

에듀컨텐츠·휴피아
CH Educontents·Huepia

_머 리 말

  이 책은 독일어에 대한 지식이 전혀 없는 초보자가 한 학기 안에 독일어의 기본적인 쓰임과 어휘를 익힐 수 있도록 구성되었습니다. 수업을 통해 올바른 독일어 발음과 말투를 공부하고 또 교정받음으로써 책만으로 공부할 수 없는 내용을 보완할 수 있을 것이므로, 이 책을 교재로 하여 수업해 주시는 수업 환경을 찾을 수 있다면 가장 좋을 것으로 생각됩니다. 이 책으로 기초독일어를 수업하시는 교수자분들께서는 수업에 필요한 강의자료 - 말하기 연습 카드, 게임 등 - 를 보완하여 대면수업의 장점을 최대한 살리고 효과적인 강의를 하실 수 있을 것으로 생각됩니다. 또한 생활 속에서 바로 사용할 수 있는 어휘와 표현을 익히는 것을 주요한 내용으로 하고 있기 때문에 문법 내용이 극히 제한적입니다. 그 부분에 대해서는 필요하다고 생각하시는 경우 문법 내용을 보충해 주시는 것도 좋을 것으로 생각됩니다.

  가까운 곳에 독일어를 공부할 수 있는 학원이나 교습기관이 없다거나 외국에서 초급독일어를 공부하는 학습자들에게는 교재만으로 독일어를 공부하는 일이 매우 어렵게 느껴질 수 있습니다. 그래서 이 책은 마땅한 수업 환경을 찾을 수 없는 독학자가 혼자서도 공부할 수 있도록 자세한 설명을 제시하고, 연습문제를 통해 보완할 수 있도록 구성하였습니다. 혼자서 외국어를 공부할 때 가장 문제가 되는 점은 원어민이나 교수자의 발음을 들어보거나 자신의 어색한 발음을 교정받기가 어렵다는 것입니다. 필자는 혼자서 공부하는 학습자들이 느끼는 부족한 점을 보완하기 위해 유튜브 채널에 본 교재에 대한 강의를 제작하여 업로드하고 있으며 책이 인쇄되어 나올 때 쯤에는 대부분의 강의가 업로드될 것으로 생각됩니다. 학습자들은 유튜브를 통해 필요한 공부를 보충하고, 질문이 있거나 발음의 교정을 받고 싶은 경우 필자에게 피드백을 받을 수 있도록 질문에 대해 답변해 주고자 합니다.

  한 강을 마치고 나면 연습문제를 풀면서 자신이 이해한 내용을 스스로 검토해 볼 수 있도록 구성하였습니다. 이 연습문제에 대한 해답은 책 안에 제시해 드리지 않았습니다. 연습문제를 풀어보시고 정답이 알고 싶으시면 유튜브 강의 "쉬운 독일어"를 찾아보실 것을 권해드립니다. 문제에 대한 풀이와 함께, 있을 수 있는 오답에 대해 설명해 드리겠습니다.

학습자들이 가장 초기의 학습단계에서부터 이미 단 한 마디라도 발화할 수 있는 독일어, 한달을 공부하고 난 후에 당장 독일에 데려다 놓아도 기초적인 일상생활을 할 수 있게끔 소통능력을 키워줄 수 있는 독일어를 공부할 수 있게 하는 것이 이 책의 목적입니다. 그래서 이 책에서는 비록 정확한 문법을 알지 못하는 단계일지라도 독일어 지식을 총동원해서 비록 조금 서툴고 세련되지 못한 표현이라 하더라도 입 밖에 내어 말할 수 있도록 기획하였습니다. 아주 단순하지만 일상에서 반드시 필요한 표현들을 먼저 말하고, 다음으로 다양한 상황에서 이 말들을 활용할 수 있도록 공부하게 됩니다. 일단 말문이 트이면 좀 더 다양한 상황에서 다양한 표현을 하고 싶어지고 더욱 복잡한 표현들을 알고자 하는 동기가 유발됩니다. 독일에서 유학할 당시 필자의 경험으로는, 엉성한 표현과 서툰 발음이라 할지라도 자신을 적극적으로 표현하고 말하는 태도가 정확한 발음과 문법에 맞는 표현보다 의사소통에서는 더욱 효과적이었던 것을 기억합니다. 서툴고 불완전한 표현이라도 상황 속에서 스스로 말해보는 경험은 빠르게 다음 단계로 나아갈 수 있게 합니다. 그러면 오류가 좀 있더라도 이를 수정해가면서 보다 세련되고 정확한 어법과 표현을 익힐 수 있는 동기를 얻게 됩니다.

 이 책의 내용을 강의하고 있는 유튜브 채널 '쉬운 독일어'를 함께 들으면 학습에 도움이 될 것입니다. 또한 채널에서 댓글을 이용해서 질의응답을 할 수 있으므로 적극 활용하면서 독학의 단점을 해결해 나갈 수 있을 것으로 기대합니다. 독일어를 익히고자 하는 많은 학습자들이 보다 쉽고 재미있게 이 멋진 독일어의 세계에 입성하실 수 있기를 바랍니다.

2024년 10월　이 소 영

저자소개 : 이 소 영

- 서울대학교 독어독문학과 졸업, 동대학원 석사과정 졸업(독어학 전공)
- 독일 프리드리히-알렉산더 대학(에를랑엔-뉘른베르크 대학) 박사과정 졸업(독일 언어학 전공)
- 경원대학교(현 가천대학교), 서울대학교, 한양대학교 강사 역임
- 서울대학교 언어교육원 선임연구원 역임
- 現) 경기대학교 독어독문전공 교수

목 차

Lektion 1. 알파벳 ·· 3

Lektion 2. 발음 규칙 ··· 9

Lektion 3. 인사말 ·· 17

Lektion 4. 이름 묻기 ··· 21

Lektion 5. 신상털기 ··· 31

Lektion 6. 고향과 출신 ··· 41

Lektion 7. 살아남는 독일어 ··· 49

Lektion 8. 숫자공부와 물건 사기 ·· 57

Lektion 9. 더 많은 일상 표현 ·· 69

Lektion 10. haben 동사를 비롯한 대단한 동사들 ················· 79

Lektion 11. 다양한 동사를 이용한 말하기 ····························· 87

◈ 초급자가 알아야 할 독일어 문장 100 ································ 96

◈ 초급 독일어 100 문장 ·· 99

◈ 기초 독일어 단어장 ·· 104

딱! 한달 공부하는
쉬운 독일어

이 소 영 · 著

에듀컨텐츠·휴피아
CH Educontents·Huepia

Lektion 1. 알파벳

독일어는 한글과 마찬가지로 발음기호가 따로 없는 언어입니다. 철자를 있는 그대로 읽어주되, 몇 가지 규칙만 익히면 큰 어려움 없이 발음할 수 있습니다. 발음을 익히기 위해 첫 번째로 알파벳을 정확하게 읽는 것을 먼저 공부해 보겠습니다.

A	B	C	D	E	F	G	H	I	J
아	베	체	데	에	에프	게	하	이	요트
K	L	M	N	O	P	Q	R	S	T
카	엘	엠	엔	오	페	쿠	에르	에스	테
U	V	W	X	Y	Z				
우	파우	베	익스	윕실론	체트				
Ä		Ö		Ü		ß			
아 움라우트		오 움라우트		우 움라우트		에스체트			

학습의 편의를 위해 발음을 한국어로 표기해 놓기는 했지만, 당연하게도 이대로 발음하시면 원어민의 독일어 발음과는 전혀 다른 발음이 됩니다. 정확히 발음하는 방식은 동영상자료를 찾아서 익히는 것이 가장 좋습니다. 유튜브에서 "쉬운 독일어"를 검색하시면 모음과 자음의 발음을 따로 자세히 설명해 놓았습니다. 이 책에서는 글로 설명할 수 있는 한 최대한 자세히 알려드리려고 합니다.

A	아. 다음 과인 독일어 발음에서 좀 더 자세히 설명하겠지만, 입을 최대한 크게 벌리고 목구멍 안 쪽에서도 가능한 한 낮은 위치에서 깊은 아~ 소리를 내면 됩니다.
B	베. 한국어의 ㅂ과 같은 소리라고 생각하시면 안됩니다. 양입술을 다물었다가 벌리면서 소리내되 날숨이 같이 나오지 않는 유성음으로 발음해야 합니다. 음~베 소리를 낸다고 생각하고 발음하면 조금 가까운 소리가 납니다.
C	체. 우리말의 체 소리는 구개음인데 독일어의 c는 이뿌리 쪽으로 좀 더 혀를 이동시킨 다음 좀 더 길게 마찰시키는 소리입니다. 또한 '모음'도 우리말의 에보다 좀 더 입을 양 옆으로 힘을 주고 '이'소리에 가깝게 올려 붙인(?) 소리를 내야 합니다.
D	데. b와 마찬가지로 날숨이 함께 나오지 않게 주의하면서 은~데 소리 비슷하게 발음해 보시기 바랍니다. '에' 모음도 마찬가지로 좀 더 '이'에 가깝게 소리냅니다.
E	에. 이 모음을 정확하게 발음하면 b, d 등 '에'모음이 필요한 발음이 모두 정확하게 멋지게 발음됩니다. 우리말의 '에'와 '이'의 중간 정도 높이에서 소리나되 입술 양 옆을 좀 더 옆으로 찢어지도록 힘을 주고 발음해 보세요.
F	에프. 이 발음은 영어의 F와 아주 비슷합니다. 'ㅍ'가 윗니와 아랫입술 사이에서 '프'하고 툭 터져 나오듯이 발음해 주세요. 이 소리는 성대가 떨리지 않는 무성음으로, 발음할 때 목에 손을 대고 떨리는지를 확인해보세요. 떨리면 잘못된 소리입니다.
G	게. 이 발음도 유성음이라 응~게를 발음한다고 생각하고 실제로는 '응'소리는 내지 말고 다만 날숨이 나오지 않의 주의하면서 발음하면 됩니다. 모음 '에'에 주의하시는 것 잊지 마세요.
H	하. 우리말의 '하'소리와 정확히 같은 소리는 아니지만 많이 다르지 않아 그리 어렵지 않은 발음입니다. 다만 '아' 모음을 앞서 공부한 A발음과 같은 요령으로 좀 더 입을 크게 벌리고 깊고 낮은 소리를 낸다 생각하면서 소리내면 더욱 좋습니다.
I	이. 이 발음도 한국어의 '이' 소리와 크게 다르지 않습니다. 다만 좀 더 구강의 높은 위치에서 소리내야 합니다. 거의 이를 드러내다시피 하면서 발음한다고 생각하면 비슷한 소리가 납니다.
J	요트. 이 발음은 좀 어렵다면 어렵습니다. 이~오트 라고 쓰는 것이 좀 더 정확한 소리일 것 같습니다. 독일어의 '요'발음은 한국어에 비해 좀 더 이~를 길게 소리낸 다음 오 소리로 넘어간다고 생각하시면 됩니다.
K	카. 이 발음은 그냥 한국어의 '카'와 크게 다르지 않습니다. '아' 모음에 좀 더 주의해서 발음하시면 됩니다.
L	엘. 이 발음은 그냥 한국어로 '엘' 한다고 생각하면 쉽습니다. 물론 똑같지는 않지만, 영어의 L 발음처럼 하는 것보다는 한국어처럼 평평한 발음으로 하는 게 좋습니다.
M	엠. 그냥 한국어로 '엠' 하시면 됩니다.
N	엔. 이 발음도한국어로 '엔' 하시면 됩니다.
O	오. 한국어로 '오' 하시면 됩니다. 다만 입술을 좀 더 동그랗게, 분명한 동그라미로 만드시고 오~라고 발음하면 됩니다. 영어에서처럼 오우~ 하지 않도록 주의하세요.

Lektion 1. 알파벳

P	페. 한국어로 '페'라고 발음해도 큰 무리가 없습니다. 모음 '에'의 정확한 발음에 유의하세요.
Q	쿠. 한국어의 '쿠' 발음과 크게 다르지 않습니다.
R	에르. 이 발음은 아무리 글로 설명해도 정확한 설명이 어렵습니다. 독일어에서 다섯 손가락 안에 꼽히는 어려운 발음입니다. '르'발음은 우리말과는 전혀 다르고, 혀끝을 진동시키거나 목젖을 진동시켜서 나는 소리입니다. 한국어 발음을 하기 위해서는 쓰지 않는 발성기관이라 정확하게 발음하기가 매우 어렵습니다. 동영상으로 설명해주는 강의를 꼭 찾아서 정확한 발음을 익히시기 바랍니다.
S	에스. 한국어로 '에스'라고 그냥 읽으셔도 됩니다.
T	테. 이 발음도 '에' 모음만 정확히 발음한다면 전혀 어렵지 않은 발음입니다.
U	우. 한국어의 '우'발음과 비슷하지만 좀 더 입술을 앞으로 내밀면서 소리는 좀 더 목 깊은 곳에서 낸다고 생각하시면서 발음하시면 좋습니다.
V	파우. 영어와 독일어의 F 발음과 마찬가지 방식으로 발음하되 '아우'라는 이중모음을 연달아 해주면 됩니다.
W	베. 한국어 표기로는 B와 같지만 W는 F 발음할 때와 같이 윗니와 아랫입술 사이에서 소리나는 마찰음입니다. 영어의 V 발음할 때와 비슷하게 하시면 됩니다.
X	익스. 있는 그대로 발음하시면 됩니다. 다만 익.스.라고 읽지 말고 이 발음은 단음절이라는 것만 기억하시면 됩니다.
Y	윕실론. 이 철자는 쓰임이 많지 않은 것에 비해서는 몹시 까다로운 이름을 가지고 있습니다. '위'를 단모음으로 발음하고, 전체적으로 또박또박 한글자한글자 발음하지 말고 흐르듯이 발음해 주시면 좋습니다.
Z	체트. 앞서 공부한 C와 같은 위치에서 소리를 내되 끝에 ㅌ로 끝난다는 것이 다릅니다. '트'로 발음하지 마시고 모음 업이 'ㅌ'로 발음해 보세요.
Ä	아 움라우트. 독일어의 특수문자이고 우리에게 익숙하지 않아 어려운 발음입니다. '아'소리를 내기 위해 입을 크게 벌린 상태에서 '애'를 발음하려고 하면 혀의 뿌리가 아니라 중간쯤에 힘이 들어가게 됩니다. 이 소리가 Ä에 가까운 소리입니다.
Ö	오 움라우트. '오'를 발음하기 위한 입모양을 그대로 유지한채로 '외' 발음을 해 보시면 마찬가지로 혀의 중간쯤에 힘이 들어가는 모임이 발음됩니다.
Ü	우 움라우트. '우' 발음을 하는 입모양을 유지한 채로 '위' 소리를 내려고 혀 중간에 힘이 들어가게 발음하면 Ü 발음을 할 수 있습니다.
ß	에스체트. 이 독특한 특수문자의 이름은 에스체트 즉, sz입니다. 실제로 단어 안에서 사용될 때에는 ㅅ 발음이 납니다.

특수문자도 있고, 또 모양은 같아도 발음은 다른 알파벳들도 있으니 꼭 동영상을 찾아서 정확한 발음을 들어가며 반복해서 익히시기를 바랍니다.

철자를 불러달라고 부탁하는 일은, 특히 이름이나 명칭 등을 정확히 알고자 할 때 흔히 일어나는 일입니다. 한국어에서는 불명확하게 발음될 때, "ㄱㄴㄷㄹ할 때 그 리을이에요"라고 설명하는 것과 비슷합니다. 독일에서도 많은 사람들이 사용하는 철자 설명방식이 있습니다. "안톤 할 때 아"라고 말하는 경우가 많은데, 알파벳도 익힐겸, 단어 읽는 법도 익힐겸 함께 살펴보도록 하겠습니다.

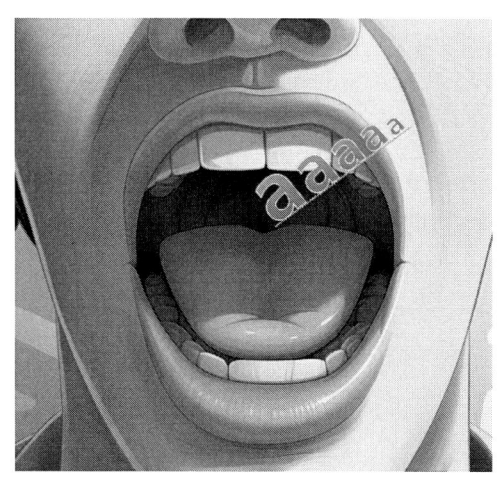

A wie Anton	B wie Berta	C wie Cäsar	D wie Dora
아 비 안톤	베 비 베르타	체 비 체자	데 비 도라
E wie Emil	F wie Friedrich	G wie Gustav	H wie Heinrich
에 비 에밀	에프 비 프리드리히	게 비 구스타프	하 비 하인리히
I wie Ida	J wie Julius	K wie Kaufmann	L wie Ludwig
이 비 이다	요트 비 율리우스	카 비 카우프만	엘 비 루트비히
M wie Martha	N wie Nordpol	O wie Otto	P wie Paula
엠 비 마르타	엔 비 노르트폴	오 비 오토	페 비 파울라
Q wie Quelle	R wie Richard	S wie Samuel	T wie Theodor
쿠 비 크벨레	에르 비 리하르트	에스 비 사무엘	테 비 테오도르
U wie Ulrich	V wie Viktor	W wie Wilhelm	X wie Xanthippe
우 비 울리히	파우 비 빅토르	베 비 빌헬름	익스 비 크산티페
Y wie Ypsilon	Z wie Zacharias		
윕실론 비 윕실론	체트 비 차하리아스		

Lektion **1.** 알파벳

 이 중에는 독일에서 흔하게 사용하는 이름들이 많이 포함되어 있습니다. 이 이름들은 요즘은 아주 유행한다고 볼 수는 없는, 말하자면 어른들이 쓰시던 전통적인(?) 이름들입니다. 하지만 오늘날도 여전히 사용하는 이름도 포함되어 있고, 독일인들이 어떤 이름을 익숙하게 생각하는지를 알 수 있어 흥미롭기도 합니다.

 이 이름들은 아직은 정확히 읽기가 어렵고 아마도 영어식으로 읽으실 가능성이 크기 때문에 실제 발음과 많이 다르기는 하지만 우선 한국어로 써 드립니다.

연 습 문 제

가. 다음 철자를 정확히 발음해 보고 이 중 유성자음을 고르세요.
① P   ② F   ③ D   ④ K

나. 다음 모음 중 구강의 가장 앞쪽에서 소리나는 모음을 고르세요.
① A   ② O   ③ U   ④ I

다. 다음 중 구강 내 조음기관에서 마찰이 일어나면서 발음하는 알파벳을 고르세요.
① R   ② U   ③ D   ④ C

라. 다음 중 모음이 아닌 것을 고르세요.
① A   ② E   ③ I   ④ T

Lektion 2. 발음 규칙

독일어를 읽고 말하기는 상대적으로 쉽습니다. 영어나 로만어 계통의 언어에 비해 구강 내 발음방식이 한국어와 크게 다르지 않고, 한국어 화자가 발음하기 어려운 치명적인 발음이 많지 않습니다. 무엇보다도, 철자가 발음기호라 생각하고 그대로 읽어나가면 독일어 화자가 얼추 이해는 할 수 있을 정도로 모임과 자음의 발음이 단순합니다. 이 강에서는 그 단순함에서 벗어나는 발음 규칙을 공부하겠습니다.

a 아	Abend 아벤트, Vater 파터	Appetit 아페티트
e 에	geben 게벤	Eltern 엘테른
i 이	Igel 이겔	dich 디히, Kind 킨트, bitte 비테
o 오	oh 오, Opa 오파	Morgen 모르겐
u 우	gut 굳, Zug 축	Mutter 무터
ei 아이	die Schweiz 디 쉬바이츠 eins 아인스	
ey 아이	Meyer 마이어	
ai 아이	Mai 마이	
ay 아이	Bayern 바이에른	
eu	Deutschland 도이칠란트	
äu 오이	Fräulein 프로일라인	
eu 오이	Deutsch 도이취	
au 아우	Frau 프라우, auf 아우프	
ä 애	Mädchen 매트헨	
ö 외	schön 쇤	
ü 위	Tschüs 취스	
ie 이:	Chemie 헤미, Liebe 리베	

독일어의 모음은 a, e, i, o, u가 기본이 됩니다.

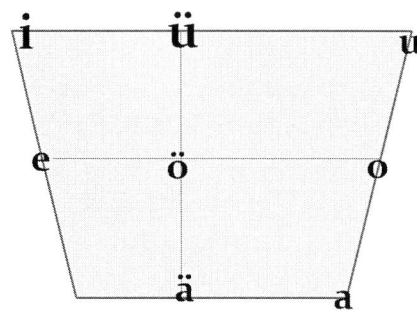

이 중에서 a, o, u 목구멍 안쪽 깊숙한 곳, 혀 뒤쪽에서 소리 나는 후설모음입니다. 반면 e, i는 입의 앞쪽, 혀의 앞부분에서 소리나는 전설모음입니다. 그런데 a, o, u는 환경에 따라서는 발음하기가 힘든 소리이기 때문에, 조금 혀 앞쪽으로 끌어당겨 발음하게 되는 경우가 있습니다. 아 ⇒ 애, 오 ⇒ 외, 우 ⇒ 위로 소리가 나는데, 이렇게 소리가 달라지는 것을 변모음이라고 합니다. 모음 위에 점 두 개를 찍어 표시하게 됩니다. 독일어에서 많이 보게 되는, 영어에는 없는 이 변모음을 독일어로는 움라우트(Umlaut)라고 읽습니다.

그 외에 ei, ey, ai, ay는 이중모음인데 다 동일하게 '아이'라는 발음이 됩니다.

그리고 äu, eu는 좀 더 신경써서 '오이'라고 발음해야 합니다.

나머지 이중 모음은 어느 정도 짐작할 수 있는 발음입니다. 따라서 au는 아우, ie는 길게 이이라고 읽어주면 됩니다. 이 정도로 익히면 모음은 다 발음할 수 있게 됩니다.

이제 자음을 공부해 보겠습니다.

die Schweiz

b	ㅂ Buch 부흐 bin 빈	ㅍ halb 할프
d	ㄷ deutsch 도이취	ㅌ Abend 아벤트, Kind 킨트
f	ㅍ auf 아우프, Frau 프라우, Freund 프로인트	
g	ㄱ gut 굳	ㅋ Tag 탁
h	ㅎ Hund 훈트	묵음 Wohnung 보눙

Lektion 2. 발음 규칙

j	(짧은)이 ja 야, Juli 율리 [j]		
k	ㅋ Kind 킨트		
l	ㄹ Luther 루터, Milch 밀히, Lamm 람, kalt 칼트		
m	ㅁ Mutter 무터		
n	ㄴ Nacht 나흐트		
p	ㅍ Appetit 아페티트, pink 핑크		
qu	ㅋㅂ Quatsch 크바취		
r	ㄹ Frau 프라우, Herr 헤어		
s	ㅅ das 다스	ㅈ Sie 지	쉬 Studentin 쉬투덴틴
t	ㅌ Tag 탁		
v	ㅍ Vater 파터		
w	ㅂ Wiedersehen 비더젠, wer 베어		
z	ㅊ Mahlzeit 말차이트		

독일어와 한국어의 발음을 일대일 대응시킬 수는 없지만, 처음 보는 언어를 익힐 때 발음조차 할 수 없는 막막함을 덜어드리기 위해 우선은 한국어의 자음과 대응시켜 보았습니다. 이 표기 중 기울인 글자로 표기한 것은 한국어에는 나타나지 않는 순치음들입니다. 영어의 f 발음을 생각하시면 쉽게 이해가 될 것입니다.

ch	히 ich 이히, dich 디히	흐 Nacht 나흐트
chs	ㅋㅅ sechs 젝스	
ck	ㅋ backen 박켄	
ds	ㅊ abends 아벤츠	
dt	ㅌ Brandt 브란트	
ng	ㅇ jung 융	
nk	ㅇㅋ danke 당케	
pf	ㅂㅍ Apfel 압펠	
ph	ㅍ Philosophie 필로조피	
sch	쉬 schön 쇤	
sp	쉬ㅍ Sport 쉬포르트	
st	쉬ㅌ Student 쉬투덴트	
th	ㅌ Thema 테마	
ts	ㅊ nachts 나흐츠	
tz	ㅊ Katze 캍체	
tsch	취 Tschüs 취스 Kitsch 키취	
ß	ㅅ Fußball 푸스발	
-ig	이히 richtig 리히티히	

딱! 한달 공부하는 **쉬운 독일어** ·

당연한 이야기이지만 이 발음표 만을 가지고 독일어 발음을 처음부터 공부하게 되면 발음 교정이 매우 어려워질 수 있으니 반드시 대면 강의나 비대면 동영상 강의를 함께 들으면서 공부하시기 바랍니다.

이제 지금까지 공부한 발음을 이용해서 다음의 독일어 숫자를 읽어보겠습니다.

1	eins	ㅇㅏㅇㅣㄴㅅ ⇒ 아인스
2	zwei	ㅊㅂㅇㅏㅇㅣ ⇒ 츠바이
3	drei	ㄷㄹㅇㅏㅇㅣ ⇒ 드라이
4	vier	ㅍㅇㅣㅇㅣㄹ ⇒ 피어
5	fünf	ㅍㅟㄴㅍ ⇒ 퓐프
6	sechs	ㅈㅔㅋㅅ ⇒ 젝스
7	sieben	ㅈㅇㅣㅂㅔㄴ ⇒ 지이벤
8	acht	ㅇㅏㅎㅌ ⇒ 아흐트
9	neun	ㄴㅇㅗㅇㅣㄴ ⇒ 노인
10	zehn	ㅊㅇㅔㅇㅔㄴ ⇒ 체엔, 첸
11	elf	ㅇㅔㄹㅍ ⇒ 엘프
12	zwölf	ㅊㅂㅇㅚㄹㅍ ⇒ 츠빌프

다음은 독일의 도시들입니다. 사진을 보면서 독일의 도시 이름을 익혀보도록 하겠습니다.

Lektion 2. 발음 규칙

연습문제

가. 다음 중 밑줄 친 부분의 발음이 나머지 셋과 다른 하나를 고르세요.

1. ① do<u>ch</u> ② na<u>ch</u> ③ Mäd<u>ch</u>en ④ Bu<u>ch</u>
2. ① <u>B</u>and ② A<u>b</u>end ③ A<u>p</u>fel ④ A<u>n</u>gst
3. ① <u>u</u>nter ② g<u>u</u>t ③ <u>u</u>nd ④ M<u>u</u>nd
4. ① <u>H</u>aar ② ge<u>h</u>en ③ da<u>h</u>er ④ <u>H</u>und
5. ① Sonne ② Ku<u>ss</u> ③ Fu<u>ß</u>ball ④ Hau<u>s</u>
6. ① <u>Th</u>ema ② Pros<u>t</u> ③ <u>D</u>onau ④ Grun<u>d</u>
7. ① Köni<u>g</u> ② rich<u>t</u>ig ③ I<u>g</u>el ④ di<u>ch</u>
8. ① <u>S</u>tudent ② Hau<u>s</u> ③ Fu<u>ß</u>ball ④ hei<u>ß</u>en
9. ① Kla<u>v</u>ier ② <u>V</u>ater ③ <u>V</u>olk ④ <u>V</u>etter
10. ① gr<u>o</u>ß ② <u>O</u>bst ③ <u>O</u>nkel ④ R<u>o</u>thenburg

나. 다음 숫자를 독일어로 써보세요.

1.	1	
2.	12	
3.	7	
4.	5	
5.	3	

다. 다음 도시 이름을 독일어로 써 보세요.

Lektion 3. 인 사 말

이번 강에는 다양한 시간과 장소, 상대와의 관계 등 상황에 따라 적절한 인사말을 사용하는 방법을 공부해 보겠습니다. 먼저 시간에 따른 인사말입니다.

아침인사	Guten Morgen!	구텐 모르겐
점심인사	Guten Tag!	구텐 탁
저녁인사	Guten Abend!	구텐 아벤트
밤에 자기 전 인사	Gute Nacht!	구테 나흐트

이 중 Guten Tag!은 대체로 하루 중 내내 사용할 수 있는 인사말입니다. 그런데 이 말은 서로 예의를 차리는 사이에서 하는 인사말이기 때문에 서로 친하게 지내는 사이에서는 다른 말을 씁니다.

안녕하세요/ 안녕   Hallo!   할로

독일 남부에서는 조금 다른 인사말을 씁니다. 상대가 누군가에 따라서 조금씩 인사말이 달라집니다.

예의를 차리는 사이	Grüß Gott!	그뤼스 곹
친근한 사이	Grüß dich!	그뤼스 디히
친근한 사이의 여러 사람	Grüß euch!	그뤼스 오이히

한편, 헤어질 때의 인사말 역시 상대와의 관계에 따라 달라집니다.

서로 예의를 차리는 사이에는
Auf Wiedersehen!,

친한 사이, 편하게 말하는 사이
Tschüss!
라고 합니다.

Lektion 3. 인사말

연습문제

가. 다음 어휘 중 밑줄 친 부분의 발음이 나머지 셋과 다른 하나를 고르세요.

1. ① Mädchen ② Buch ③ euch ④ mich
2. ① Sport ② Schüler ③ Student ④ Sonne
3. ① Onkel ② groß ③ dort ④ Wolf
4. ① Fußball ② Fuß ③ Bedingung ④ Gruß
5. ① Rauch ② hoch ③ doch ④ Dolch
6. ① Fräulein ② Mai ③ drei ④ Bayern
7. ① Abend ② Ende ③ Thema ④ trotzdem
8. ① Haus ② gehen ③ Wiedersehen ④ nah
9. ① Foto ② Philosophie ③ Pferd ④ Telefon
10. ① Quatsch ② Quelle ③ Qualität ④ Kunst

나. 다음 상황에 적합한 인사말을 쓰세요.

1.	밤에 자는 아이에게 아빠가 잘 자라고 인사할 때	
2.	룸메이트의 부모님을 길에서 만났을 때	
3.	지인의 부모님 댁을 저녁에 방문했을 때	
4.	바이에른 지역에서 낮에 길에서 친구를 만났을 때	
5.	독일어 선생님과 수업이 끝난 후 인사를 나눌 때	

Lektion 4. 이름 묻기

Lektion 4. 이름 묻기

지금까지 독일어의 문법이나 어휘에 대한 많은 지식 없이도 일상생활에서 유용하게 사용할 수 있고 또 꼭 필요한 어휘와 표현을 공부했습니다. 간단한 인사말을 배웠으니 이제는 서로에 대해서 좀 더 알아가야 할 때인 것 같습니다. 이 강에서는 상대의 이름과 사는 곳을 묻고 답하는 것을 연습하겠습니다. 그리고 기본적인 문장의 유형을 주어에 따라, 상황에 따라 바꿔서 말할 수 있도록 해서, 자유자재로 수없이 많은 문장을 만들 수 있게 공부하려고 합니다.

먼저, 상대가 누구인지를 묻는 질문은 영어와 비교해서 공부하시면 그리 어렵지 않습니다.

Wer sind Sie? (Who are you?)

wer는 영어의 의문사 who와 같고 sind는 be동사의 변화형태 are와 같습니다.

◆ 존칭

대명사 Sie는 you와 같은 의미인데 영어와는 조금 달라서 존칭이라고 합니다. 서로 예의를 지키거나 거리를 두는 사이에서 씁니다. 한편, 친한 사이에서는 상대를 du로 칭합니다. 이에 대한 대답은 Ich bin Sumin. (I am Sumin.) 입니다. 영어와 비교해서 공부하시면 쉽습니다. 어순이나 단어가 크게 다르지 않습니다.

◆ ich는 I와 다릅니다!

대명사 Sie와 ich에서 특별히 주의해야 할 점은, 영어와 달리 독일어에서는 1인칭 ich는 소문자로 쓰고 대신 존칭의 2인칭인 Sie는 항상 대문자로 쓴다는 것입니다. 영어에 익숙한 학습자들에게는 상당히 혼동되는 사항이니 주의를 기울이셔야 합니다.

사람의 이름을 묻기 위해 "당신은 누구십니까?"라고 묻는 것은 사실 일반적으로 사용하는 방식은 아닙니다. 그보다는 "당신의 이름은 어떻게 되십니까?"라고 묻는 게 더 좋습니다. Ihr Name에서 Ihr는 '당신의'라는 의미를 갖는 말입니다.

Wie ist Ihr Name?
How is your name?

◆ 의문사 wie

wie는 영어의 how에 해당하는 의문사이고 ist는 영어의 is와 생긴 것도 비슷하고 의미도 같습니다. Name는 명사라서 대문자로 쓴다는 것 외에는 영어의 name과 같은 단어라고 보셔도 무방합니다. 이제 이 질문에 대한 대답은 다음과 같습니다.

Mein Name ist Sumin. (My name is Sumin)

짐작하기 어렵지 않겠지만 mein은 영어의 my입니다. 나머지 어휘들은 이미 공부한 것이지요. 이제 상대의 이름을 묻고 대답하는 대화를 충분히 하실 수 있을 정도로 공부하셨습니다. 함께 독일어를 공부하는 공부친구와 함께 이름을 묻고 대답하는 연습을 해보세요.

◆ 문장 만들기

이번 과에서는 1인칭 단수, '나'와 2인칭 단수 '당신'에 해당하는 인칭대명사를 공부했고, 또 각각의 대명사에 대한 sein 동사의 변화형을 공부했습니다. 그런데, 우리는 의도치 않게 3인칭 단수에 대한 sein 동사 변화도 공부했습니다. (Mein Name ist ....) 그리고 예의를 차리는 사이에서 사용하는 2인칭 단수 Sie 외에, 친한 사이에서 사용하는 2인칭 단수 du도 스치듯이 공부하기는 했습니다. 이제는 이들을 포함한 모든 인칭대명사들과 sein 동사를 공부할 때가 왔습니다! 인칭대명사와 sein 동사만 공부해도 갑자기 꽤 많은 문장들을 만들 수 있게 됩니다. 사실상 무한대라고 봐도 됩니다.

Lektion **4.** 이름 묻기

◆ 인칭대명사

	단수	(영어)	복수	(영어)
1인칭	ich	I	wir	we
2인칭	du	you	ihr	you
3인칭	er	he	sie	they
	sie	sie		
	es	it		
존칭	Sie	없음	Sie	없음

이 인칭대명사들을 무작정 외우는 것은 사실 구시대의 공부 방법이고, 제일 좋은 것은 현지 상황에서 사용하는 것, 그 다음은 말하면서 익히는 것이지만 대부분의 학습자들이 쉽게 가질 수 없는 환경인 만큼, 우리는 쓰기 연습을 하면서 익히도록 하겠습니다. 연습문제에서 독일어 번역연습 부분을 직접 써 보시고 연습하시기 바랍니다.

문장을 만드는 방식은 간단합니다. 영어와 비교하면서 보시면 쉽게 익히실 수 있을 겁니다.

Ich 나는   bin 이다   Minsu. 민수
I   am   Minsu.

독일어도 영어와 마찬가지로 '주어 + 동사 + 그 외 문장 성분' 이렇게 써 주면 훌륭한 문장이 만들어 집니다. 이번에는 Sie를 주어로 문장을 만들어 보겠습니다.

Sie   sind   Dongsu und Minsu.
You   are   Dongsu und Minsu.

◆ sein 동사

지금까지 몇 개의 동사 형태를 공부했는데, 이 동사들의 부정형(영어 문법에서는 원형이라고 합니다)은 sein 동사 하나입니다. 영어의 be 동사에 해당하는 것입니다. 이 동사는 주어가 몇인칭이냐에 따라, 단수인가 복수인가에 따라, 친칭인가 아니면 존칭인가에 따라 화려하게 변화합니다. 이렇게 다양하게 변화하는 것을 익히는 것이 가장 중요하고 기초적인 공부입니다. 다음 표에 sein 동사의 변화를 정리해 보았습니다.

	단수	sein동사	복수	sein동사
1인칭	ich	bin	wir	sind
2인칭	du	bist	ihr	seid
3인칭	er	ist	sie	sind
	she			
	es			
존칭	Sie	sind	Sie	sind

이제 이 인칭대명사와 sein 동사들을 영어와 비교해 가며 공부해 보겠습니다.

독일어	영어	한국어
ich bin A	I am A	나는 A입니다.
du bist A	you are A	너는 A이다.
er ist A	he is A	그는 A입니다.
sie ist A	she is A	그녀는 A입니다.
es ist A	it is A	그것은 A입니다.
wir sind As	we are As	우리는 A들입니다.
ihr seid As	you are As	너희는 A들이구나.
sie sind As	they are As	그들은 A들입니다.
Sie sind A(s)	you are A(s)	당신(들)은 A(들)이군요.

A자리에는 명사나 형용사가 들어갈 수 있는데, 위의 예문에서는 편의상 A가 명사이고 As는 A의 복수명사인 것으로 가정했습니다. 앞서 공부한 독일어의 인칭대명사와, 그에 따라 변화하는 sein동사를 함께 쓰면 "X는 A이다"라는 문장을 만들 수 있습니다. 이제 지금까지 공부한 문장과 어휘들을 이용해서 다음의 다양한 문장들을 만들어 보겠습니다. 이미 공부한 의문문도 함께 연습해 보겠습니다.

그녀는 대학생이다. Sie ist Studentin.	
너희들은 누구니? Wer seid ihr?	
당신은 젊군요. Sie sind jung.	
이것은 (하나의) 사과이다. Das ist ein Apfel. (das: 이것, 이 사람)	
그는 당신의 친구인가요? Ist er Ihr Freund?	
그는 나의 남자친구입니다. Er ist mein Freund.	

Lektion 4. 이름 묻기

이런 식으로 다양한 문장들을 직접 써보며 연습해 보시기 바랍니다. 이제 지금까지 공부한 모든 인칭대명사와 sein동사를 이용해서 만든 독일어 문장들을 영어와 비교해 보도록 하겠습니다.

1. Ich 나는 I	bin 이다 am	Minsu. 민수 Minsu.
2. Du 너는 You	bist 이다 are	Sumin. 수민 Sumin.
3. Er 그는 He	ist 이다 is	Jin. 진 Jin.
4. Sie 그녀는 She	ist 이다 is	Miso. 미소 Miso.
5. Es 그것은 It	ist 이다 is	groß. 큰 big.
6. Wir 우리는 We	sind 이다 are	Koreaner. 한국인들 Koreans.
7. Ihr 너희는 You	seid 이다 are	Deutsche. 독일인들 Germans.
8. Sie 그들은 They	sind 이다 are	Kinder. 아이들 children.
9. Sie 당신은 You	sind 입니다 are	Jin. 진 Jin.
10. Sie 당신들은 You	sind 입니다 are	Jin und Miso. 진과 미소 Jin und Miso.

영어와 독일어는 사실 어순이 근본적으로 다른 언어입니다. 어휘도 일대일대응으로 그대로 번역되는 경우가 드뭅니다. 그럼에도 불구하고 영어와 비교해서 독일어 문장을 보여드리는 것은, 지금의 단계에서는 일대일대응을 해도 해석의 차이가 크지 않기 때문입니다. 새로 배우는 언어의 초기 문턱을 손쉽게 넘기 위한 방법으로 고안해 본 것이니 좀 더 독일어를 공부하고 나서는 영어와 다른 점이 두드러지게 보이는 것을 경험하실 수 있을 것입니다.

◆ 의문문

이 문장에서 동사와 주어의 순서를 바꾸면 간단하게 의문문을 만들 수 있습니다. 영어의 be동사와 독일어의 sein 동사가 들어간 문장의 경우에는 이와 같이 거의 같은 방식으로 의문문을 만들 수 있습니다. 즉, 평서문은 주어 + 동사의 어순이지만, 의문문에서는 동사 + 주어의 어순이 된다는 것입니다. 동사가 조동사이건 아니건, sein 동사와 같은 특수 동사이건 아니건 전혀 상관이 없습니다. 이제 몇 가지 의문문을 연습해 보겠습니다.

1. Sind	Sie	Dongsu und Minsu?
Are	you	Dongsu und Minsu?
2. Ist	er	Jin?
Is	he	Jin?
3. Ist	sie	Sumin?
Is	he	Sumin?

다만 영어와 다르기 때문에 주의해야 할 점은, 영어의 you는 단수나 복수에 상관없이 동사가 똑같이 are인 반면 독일어에서는 단수에서는 bist, 복수에서는 seid가 된다는 점입니다. 또 한 가지! 영어에서는 상대와 친한 사이인지 예의를 차리는 사이인지에 상관없이 you에 대한 동사가 are 한 가지이지만, 독일에서는 상대에게 예의를 지켜야 하는 사이인 경우 동사가 sind가 된다는 것입니다. 단, 이 경우 단수와 복수의 차이는 없습니다. 앞으로 이 관계를 구분하기 위해 다음과 같이 구분하겠습니다.

	단수	복수
친칭	너 du	너희들 ihr
존칭	당신 Sie	당신들 Sie

이제 다음의 한국어 문장을 독일어로 한번 번역해 보겠습니다.

당신은 Jin이군요.

Sie sind Jin.

너희들이 진과 수민이구나.

Ihr seid Jin und Sumin.

당신들은 크군요.

Sie sind groß. (* groß 큰, 위대한)

Lektion **4.** 이름 묻기

◆ 대화하기

이제 다음의 대화를 읽고 해석해 보겠습니다.

A: Guten Tag! 구텐 탁!	안녕하세요
B: Guten Tag! 구텐 탁!	안녕하세요
A: Wer sind Sie? 베어 진트 지?	당신은 누구십니까?
B: Ich bin Minsu. 이히 빈 민수	나는 민수입니다.
A: Ah, Sie sind Minsu. 아, 지 진트 민수	아, 당신이 민수로군요.
B: Wie ist Ihr Name? 비 이스트 이어 나메?	당신의 이름은 어떻게 되시나요?
A: Mein Name ist Sumin. 마인 나메 이스트 수민	내 이름은 수민입니다.
B: Aha, Ihr Name ist Sumin. 아하 이어 나메 이스트 수민	아, 당신의 이름은 수민이군요.
A: Minsu, was ist das? 민수, 바스 이스트 다스?	민수, 이것은 무엇입니까?
B: Das ist ein Apfel. 다스 이스트 아인 압펠	이것은 사과입니다.
A: Oh, ist das ein Apfel? 오 이스트 다스 아인 압펠?	오, 이것은 사과인가요?
B: Ja, das ist ein Apfel. 야, 다스 이스트 아인 압펠	네, 이것은 사과입니다.
A: Danke schön! Auf Wiedersehen! 아우프 비더젠	고맙습니다. 안녕히 가세요!
B: Auf Wiedersehen! 아우프 비더젠	안녕히 가세요!

앞서 공부한 내용을 중심으로 이 대화를 읽고 이해하는 데에는 어려움이 없으실 것입니다. 아무래도 지금까지 공부한 내용이 다양하지 않기 때문에 대화가 비상식적으로 진행되기는 합니다.
 인사말만 공부했는데 갑자기 문장을 만들고 대화를 이해한다는 것이 아마도 머리로는 이해가 된다고 해도 자유자재로 이 지식들을 사용하기에는 어려움이 있을 것입니다. 동영상을 통해 잘 들으시고 또 발음을 따라해 보기도 하시고 연습문제의 쓰기연습도 하시면서 다양한 방식으로 공부해 보시기 바랍니다.

딱! 한달 공부하는 **쉬운 독일어**

연습문제

가. 다음 중 밑줄 친 부분의 발음이 나머지 셋과 다른 하나를 고르세요.

1. ① D<u>eu</u>tschland ② <u>eu</u>ch ③ Fr<u>äu</u>lein ④ Schw<u>ei</u>z
2. ① K<u>a</u>tze ② V<u>a</u>ter ③ fr<u>a</u>gen ④ Dr<u>a</u>ht
3. ① L<u>ie</u>be ② <u>Ei</u>sen ③ Ch<u>e</u>mie ④ <u>I</u>gel
4. ① hal<u>b</u> ② <u>B</u>rot ③ <u>B</u>ruder ④ Fe<u>b</u>ruar
5. ① Mäd<u>ch</u>en ② e<u>ch</u>t ③ brau<u>ch</u>en ④ eu<u>ch</u>
6. ① <u>St</u>udent ② <u>Sch</u>üler ③ <u>s</u>echs ④ <u>sch</u>ön
7. ① Hun<u>d</u> ② Gel<u>d</u> ③ <u>T</u>afel ④ <u>D</u>ame
8. ① Wieder<u>s</u>ehen ② <u>S</u>ie ③ morgen<u>s</u> ④ <u>s</u>ehen
9. ① Fu<u>ß</u>ball ② <u>St</u>adt ③ ein<u>s</u> ④ Fu<u>ß</u>
10. ① bl<u>au</u> ② br<u>au</u>n ③ H<u>au</u>s ④ M<u>äu</u>se

나. 다음 빈 칸에 적절한 인칭대명사나 동사를 써 넣으세요.

1. Wer _____ Sie? 당신은 누구십니까?
2. _____ bin Minsu. 나는 민수입니다.
3. _____ ist Ihr Name? 성함이 어떻게 되시나요?
4. Wer ist _____ Freund? 누가 당신의 남자친구인가요?
5. Ist er _____ Freund? 그가 당신의 남자친구입니까?
6. _____ Name ist Sumin. 내 이름은 수민입니다.
7. _____ er Student? 그는 대학생인가요?
8. Ihr _____ jung. 너희들은 젊구나.
9. Sind _____ Student? 당신은 대학생인가요?
10. Ja, ich _____ Student. 네, 저는 대학생입니다.

Lektion **4.** 이름 묻기

다. 다음 한국어를 독일어로 번역하세요.

1.	나는 수민입니다.	
2.	너는 민수구나.	
3.	당신은 민수입니까?	
4.	너희들은 누구니?	
5.	그녀는 누구야?	
6.	그는 Thomas야.	
7.	그들은 지민과 진이야.	
8.	당신은 누구십니까?	
9.	너희는 누구니?	
10.	우리는 지민과 진이다.	
11.	그는 나의 남자친구입니다.	
12.	그는 학생이에요.	
13.	당신은 학생입니까?	
14.	당신들은 젊군요.	
15.	우리는 젊지요.	

Lektion 5. 신상털기

지난번에는 상대의 이름을 알아내는 것을 연습했습니다. 이번 강에서는 여기서 좀 더 나아가 상대방의 신상에 관한 질문을 해서 털어보는 연습을 하겠습니다. 우선 당신은 누구십니까?라는 질문과 대답은 다음과 같다는 것은 이미 공부한 내용입니다.

당신은 누구십니까?
Wer sind Sie? 베어 진트 지
Who are you?

나는 수민입니다.
Ich bin Sumin. 이히 빈 수민
I am Sumin.

이제 상대방의 출신(고향, 고국)이나 현재 살고 있는 곳에 대한 질문과 대답을 공부해 보겠습니다.

당신은 어디에서 오셨나요? (어디 출신이세요?)
Woher kommen Sie? 보헤어 콤멘 지
Where are you from?

나는 한국에서 왔습니다.
Ich komme aus Südkorea. 이히 콤메 아우스 쥐트코레아
I'm from South Korea.

질문에는 새로운 의문사가 포함되어 있습니다. 의문사 woher는 '어디로부터'라는 뜻으로, 영어로는 'from where' 정도로 이해하시면 되겠습니다. 한편 대답하는 말 속에는 'aus'라는 전치사가 쓰이고 있는데, 이 전치사는 영어의 'from'과 유사한 의미로 쓰였습니다. 모든 언어는 어휘와 어휘가 절대로 일대일대응하는 관계에 있지 않기 때문에 aus가 항상 from의 의미로 사용되지는 않습니다. 다만 위의 문장에서는 from과 같다고 이해하셔도 됩니다. 따라서

Ich komme aus _____.

형식의 문장을 사용해서 "저는 _____ 에서 왔습니다, _____ 사람입니다'라는 말을 할 수 있습니다.

그러면 한국과 독일 외의 여러 나라의 명칭을 독일어로 공부해 볼까요?

한국	Südkorea 쥐트코레아	독일	Deutschland 도이치란트
일본	Japan 야판	프랑스	Frankreich 프랑크라이히
중국	China 키나	영국	England 엥글란트
러시아	Russland 루스란트	미국	die U.S.A. 디 우 에스 아
오스트리아	Österreich 외스터라이히	스위스	die Schweiz 디 슈바이츠

다른 사람과 함께 출신을 물어보고 답하는 문장을 말하기 연습해 보세요.

| 1. 당신은 어디에서 오셨나요? |
| Woher kommen Sie? |
| 2. 나는 중국에서 왔습니다. |
| Ich komme aus China. |
| 3. 당신은 독일에서 오셨나요? |
| Kommen Sie aus Deutschland? |
| 4. 아니오, 나는 러시아에서 왔습니다. |
| Nein, ich komme aus Russland. |

Lektion **5.** 신상털기

이제 상대가 어디에 살고 있는지를 묻고 대답하기를 공부하겠습니다.

당신은 어디에 사십니까?

Wo	wohnen	Sie?	보 보넨 지
Where	live	you	(문법적으로는 틀린 문장입니다)

이에 대한 대답은 다음과 같이 할 수 있습니다.

나는 수원에 살고 있어요.

Ich	wohne	in Suwon.	이히 보네 인 수원
I	live	in Suwon.	

이 두 가지 상황에 대한 공부를 하면서, 아마도 새로운 동사들이 사용된 것을 발견했을 겁니다. 신상털기에 필요한 새로운 동사들을 정리해 보겠습니다.

kommen   오다, ~에서 오다, 출신이다
wohnen   ~에 살다, 거주하다

그런데 이 동사들도 sein 동사와 마찬가지로, 주어가 무엇인가에 따라 동사의 형태가 조금씩 달라집니다.

Sie komm**en** aus Deutschland.
Ich komm**e** aus Deutschland.

주어가 존칭 Sie인 경우 동사는 kommen, 주어가 1인칭 단수 ich인 경우 동사는 komme가 됩니다. 또 다른 동사인 wohnen도 비슷합니다.

Sie wohn**en** in Seoul.
Ich wohn**e** in Suwon.

Ich wohne in Suwon.

지금까지 동사의 변화를 살펴본 결과, 공통적인 점이 발견될 것입니다. 주어가 Sie인 경우 동사는 -en으로 변화하고, 주어가 ich인 경우 동사의 변화형이 -e로 끝납니다. 물론 이 변화가 다가 아닙니다. 인칭대명사가 Sie와 ich만 있는 것이 아니기 때문입니다. 다른 인칭에서는 어떻게 동사변화가 일어나는지에 대해서는 다음 강에서 좀 더 자세히 공부하겠습니다. 여기에서는 지금까지 공부한 동사들이 1인칭과 존칭에서 어떻게 변화하는지에 대해서만 정리해 보겠습니다.

kommen	ich	komme
	Sie	kommen
gehen	ich	gehe
	Sie	gehen
wohnen	ich	wohne
	Sie	wohnen

아직 공부하지 않은 동사들이지만 자주 사용하는 몇 개의 동사들도 똑같이 변화합니다. 한번 연습해 보겠습니다.

kaufen	ich	kaufe	나는 (...을/를) 산다
	Sie	kaufen	당신은 (...을/를) 삽니다
sehen	ich	sehe	나는 (...을/를) 본다
	Sie	sehen	당신은 (...을/를) 봅니다
essen	ich	esse	나는 (...을/를) 먹는다
	Sie	essen	당신은 (...을/를) 먹습니다
sprechen	ich	spreche	나는 말한다
	Sie	sprechen	당신은 말합니다
haben	ich	habe	나는 (...을/를) 가지고 있다
	Sie	haben	당신은 (...을/를) 가지고 있습니다
lieben	ich	liebe	나는 (...을/를) 사랑한다
	Sie	lieben	당신은 (...을/를) 사랑합니다

이제는 내가 말하고자 하는 내용을 다양한 동사를 이용해서 만들어 볼 수 있을 것이고, 또 친한 사이가 아닌 상대방에 대한 이야기도 할 수 있게 되었을 것입니다. 아직은 '나'와 '당신' 이외의 주어에 대해서는 말하기 어렵습니다만, 사실 독일인과 이야기하게 된다면 상당히 많은 문장이 '나'와 '당신'을 주어로 만들어 집니다. 나머지 인칭에 대해서는 좀 설명이 필요하니 다음 과에서 자세히 다루겠습니다.

Lektion **5.** 신상털기

❋❋❋ 의문문 만들기 ❋❋❋

지금까지 몇 개의 의문사가 등장했습니다. 누구의 의미를 가진 wer, 어디에서, 어디로부터의 의미로 해석되는 woher, 그리고 어디라고 번역되는 wo를 공부했습니다. 이 외에도 영어의 how, why, when, was에 해당하는 의문사가 있습니다.

wer	누가	who
was	무엇을	what
wann	언제	when
warum	왜	warum
wie	어떻게	wie
wo	어디서	where
woher	어디로부터	from where
wohin	어디로	to where

의문사가 없는, 네/아니오 의문문은 동사와 주어의 위치를 바꿈으로써 아주 간단하게 만들 수 있습니다. 그리고 의문사가 있는 의문문도 크게 어렵지 않습니다. 의문사를 제일 앞에 쓰고 나머지는 일반적인 의문문과 같습니다. 즉 다음과 같은 어순으로 구성됩니다.

의문사 + 동사 + 주어 + 문장의 나머지 성분 + 물음표
Wer   sind Sie   ?
Woher   kommen Sie   ?

지금까지 나온 의문사와 동사, 인칭대명사를 사용해서 문장을 만들어보겠습니다.

당신은 누구신가요? Wer sind Sie?
당신은 어떻게 불리우세요? (이름이 어떻게 되세요?) Wie heißen Sie?
당신은 어디에 사시나요? Wo wohnen Sie?
나는 누구인가요? Wer bin ich?
내가 어디에서 왔을까요? Woher komme ich?
당신은 어디로 가나요? Wohin gehen Sie?

이 외에도 다양한 문장을 만들어 보실 수 있을 것입니다. 쓰기연습을 하시면서 좀 더 많은 문장을 작문해 보시고, 또 스스로 새로운 문장을 만들어 보실 수도 있습니다.

❊ ❊ ❊ 전치사 사용하기 ❊ ❊ ❊

이 강에서는 ~에서, ~로, 혹은 ~에 등의 표현을 하기 위한 필수적인 품사, 전치사가 나왔습니다. 독일어의 전치사는 한국어의 조사와 대략 비슷하다고 생각하고 사용하면 쉽습니다. 독일어에는 실로 많은 전치사가 있지만 여기에서는 우선 다음의 세 가지만 확실히! 기억하고 넘어가겠습니다.

aus	~로 부터 (from)	Ich komme aus Russland. 나는 러시아에서 왔어.
nach	~로, ~를 향해 (to)	Ich gehe nach Haus. 나는 집으로 간다.
in	~안에, ~에 (in)	Ich wohne in Seoul. 나는 서울에 살고 있다.

이제 지금까지 나온 표현들을 이용한 대화를 보겠습니다.

Maria:	Guten Tag!	안녕하세요!
Sumin:	Guten Tag!	안녕하세요!
Maria:	Woher kommen Sie?	당신은 어느 나라에서 오셨나요?
Sumin:	Ich komme aus Südkorea.	나는 대한민국에서 왔어요.
Maria:	Wie heißen Sie?	이름은 어떻게 되세요?
Sumin:	Ich heiße Sumin, und wie heißen Sie?	수민이에요, 그리고 당신은요?
Maria:	Ich heiße Maria.	나는 마리아라고 해요.

이 대화는 처음으로 나오는 일상 대화인데, 조금 어색합니다. 처음 보는 사이에 다짜고짜 어디서 왔느냐, 이름은 뭐냐라고 묻는 것이 사람에 따라서는 불편할 수도 있습니다. 그러나 우리의 독일어 실력이 자연스러운 대화를 할 정도가 되지 않으니 지금은 이 어색함을 좀 견뎌야 할 것 같습니다.

또 한가지, 독일어에서는 처음 보는 사이나 서로 예의를 차리는 사이에서는 상대를 Sie로 부르며 존칭을 사용합니다만, 그림에서처럼 나이 차이가 크지 않아 보이는 학생들의 경우에는 보자마자 du를 쓰는 경우도 많습니다. 그런데 친칭을 써서 말하는 것은 존칭을 쓰는 것보다 다소 까다롭기 때문에 예의도 차릴 겸, 우리는 상대를 Sie로 호칭하는 것이 쉽고 안전합니다.

이제 두 번째 대화 상황을 공부하겠습니다.

Sven:	Guten Morgen!
Martin:	Guten Morgen!
Sven:	Ich bin Sven, und Sie?
Martin:	Ich bin Martin.
Sven:	Woher kommen Sie?
Martin:	Ich komme aus Österreich.
Sven:	Oh, ich auch. Wo wohnen Sie?
Martin:	Ich wohne in Berlin.

스벤은 마틴에게 먼저 인사를 한 다음 자신의 이름을 말합니다. 그리고 마틴이 대답을 해주자마자 바로 어디에서 왔는지를 묻습니다. 마틴이 오스트리아 출신이라고 말하자 자기도 그렇다고 합니다. 그리고 마지막으로 (지금) 살고 있는 곳까지 야무지게 신상을 털고 있습니다. 이러한 대화 상황 역시 아주 자연스럽고 평범한 것은 아니지만, 우리가 지금 가진 독일어 지식으로 충분히 구성할 수 있는 대화라는 데에 의미를 두도록 해 보겠습니다.

대화 중에 "Oh, ich auch."라는 표현이 나왔습니다. auch는 영어의 too와 유사한 표현이어서, "저도 그렇습니다"라는 말을 할 때 사용할 수 있습니다. 독자님들도 이와 비슷한 상황을 만들어서 써 보시고 말하기 연습도 해 보시면 나중에 독일에서 이런 대화를 해 보실 수도 있을 것 같습니다.

Lektion **5.** 신상털기

연습문제

가. 다음 어휘의 뜻을 보기에서 골라 쓰세요.

1.	heißen	
2.	nach	
3.	sehen	
4.	sprechen	
5.	warum	
6.	auch	
7.	woher	
8.	kaufen	
9.	Österreich	
10.	lieben	

1	2	3	4	5
어디로부터	왜	~로, ~를 향해	말하다	(~를) 사다
6	7	8	9	10
(~를) 사랑하다	오스트리아	이름이~이다	(~를) 보다	또한, 역시

나. 다음 문장의 뜻이 통하도록 적절한 동사의 어미를 쓰세요.

1. Wo wohn___ Sie?
2. Ich heiß___ Sumin.
3. Ich geh___ nach Haus.
4. Wohn___ Sie in Österreich?
5. Ich komm___ aus Deutschland.
6. Ich lieb___ dich.
7. Wie heiß___ Sie?
8. Ich sprech___ Deutsch.
9. Sprech___ Sie Deutsch?
10. Wohin geh___ Sie?

다. 다음 빈 칸에 알맞은 말을 써 넣어 뜻이 통하도록 하세요.

1.	Ich _____ Minsu.	나는 민수입니다.
2.	_____ kommen Sie?	당신은 어디에서 오셨나요?
3.	Essen _____ Kimchi?	당신은 김치를 먹습니까?
4.	Ich _____ Koreanisch.	나는 한국사람입니다.
5.	_____ wohnen Sie?	당신은 어디에 사십니까?
6.	Gehen Sie _____ Haus?	당신은 집으로 가시나요?
7.	_____ gehen Sie?	당신은 어디로 가십니까?
8.	_____ heißen Sie?	당신은 어떻게 불리십니까?
9.	Wohnen Sie _____ Korea?	당신은 한국에 살고 계신가요?
10.	_____ Sie Sumin?	당신은 수민이라고 불리십니까?

라. 다음 문장에서 어법에 맞지 않는 부분을 찾아 어법에 맞게 고쳐 쓰세요.

1. Gehe Sie nach Haus?
2. Ich wohne aus Seoul.
3. Wer heißen Sie?
4. Ich lieben Minsu.
5. Deutsch sprechen Sie?

마. 다음 대답이 나올 수 있는 질문을 만들어 보세요.

1.	질문:	_____.
	대답:	Ich komme aus Russland.
2.	질문:	_____.
	대답:	Ja, Ich komme aus Südkorea.
3.	질문:	_____.
	대답:	Ich gehe nach Haus.
4.	질문:	_____.
	대답:	Ich esse einen Apfel.
5.	질문:	_____.
	대답:	Ich wohne in Suwon.

Lektion 6. 고향과 출신

지금까지 간단한 자기 소개, 상대방에게 질문하기 등을 공부했습니다. 이것만 가지고도 다른 사람과 만나 이야기하는 것이 어느 정도는 가능할 것입니다. 하지만 우리는 이 자리에 없는 다른 사람이나 사물, 상황이나 사태에 대한 이야기도 해야 합니다. 그래서 3인칭이라는 것을 공부해야 하지요. 그리고 이제는 sein 동사 외의 다른 동사들을 사용하는 방법도 공부해야 할 때가 된 것 같습니다.

먼저, "당신은 성함이 어떻게 되세요?"라는 말을 하기 위해 동사 heißen을 이용해서 이름을 묻고 말하기를 복습하고 다른 사람의 이름에 대해서도 물어보도록 하겠습니다.

Wie heißen Sie? 당신은 어떻게 불리시나요?
Ich heiße Sumin Seo. 나는 서수민이라고 합니다.

❋❋❋동사의 현재인칭변화❋❋❋

5강에서 공부한 내용입니다. 주어가 Sie이면 wohn- 뒤에 -en이 붙고, 주어가 ich이면 wohn- 뒤에 -e가 붙습니다. 다른 동사의 경우에도 마찬가지입니다. 이처럼 주어가 무엇인가에 따라 동사의 어간(wohn-, komm-, heiß- 등) 뒤에 붙는 어미가 달라집니다. 주어에 따라 변화하는 어미를 정리해 보겠습니다.

	단수	어미	복수	어미
1인칭	ich	-e	wir	-en
2인칭	du	-st	ihr	-t
3인칭	er / she / es	-t	sie	-en
존칭	Sie	-en	Sie	-en

영어에 비해 확실히 복잡해 보이는 것은 사실입니다만, 생각보다는 그리 어렵지 않습니다. 먼저 일인칭 단수 ich와 존칭 Sie에서의 변화는 5과에서 이미 충분히 공부했습니다. 존칭은 단수와 복수가 같기 때문에 따로 외우지 않아도 됩니다. 단수 2인칭 du와 단수 3인칭 er, sie, es의 변화가 좀 복잡해 보이는데, 이들만 잘 기억해 주시면 됩니다. du에서는 어미 -st가, er, sie, es에서는 -t가 붙는다는 것을 기억하세요.

같은 게르만어이지만 영어에서는 주어가 복수일 때 동사가 변화를 하지 않습니다. 독일어도 사실 복수에서는 대부분 우리가 부정형(영어의 원형)이라고 부르는 형태를 유지합니다. 어간에 -en이라는 어미가 붙는 것이 부정형이니까요. 그런데 친칭의 복수 2인칭, 즉 ihr가 주어일 때에는 어간에 -t가 붙은 변화를 합니다. 게다가 존칭에서도 대부분의 복수와 마찬가지로 -en이 붙으니 결국 부정형인 셈입니다. "존칭과 복수는 같이 간다! 단, ihr는 따로 논다"고 기억하시면 쉽습니다.

그렇다면 이 어미를 붙일 동사의 어간은 무엇일까요. 동사의 어간을 찾는 방법은 간단합니다. 사전에는 wohnen이 동사의 부정형(원형, 기본형)으로 나옵니다. 독일어의 모든 동사는 부정형이 -en이나 -으로 끝나는데, 이 -en이나 -n을 떼어 버리면 동사의 어간이 됩니다. 문장을 만들 때에는 이 어간에 표에 보이는 것과 같은 어미를 붙여주면 됩니다.

예를 들어서 kommen 동사는 -en으로 끝났으니 어미가 -en입니다. 어미를 떼어버리면 komm이 남게 됩니다. 이게 어간입니다. 이 어간에 어미를 붙여서 인칭에 따른 변화를 시켜 주면 됩니다.

	단수	어미	복수	어미
1인칭	ich	komme	wir	kommen
2인칭	du	kommst	ihr	kommt
3인칭	er she es	kommt	sie	kommen
존칭	Sie	kommen	Sie	kommen

Lektion **6.** 고향과 출신

A: Guten Tag!
　안녕하세요
B: Guten Tag!
　안녕하세요
A: Ich komme aus Russland.
　저는 러시아에서 왔어요.
　Woher kommen Sie?
　당신은 어디에서 오셨나요?
B: Ah, Sie kommen aus Russland.
　아, 당신은 러시아에서 왔군요.
　Ich komme aus Korea.
　나는 한국에서 왔어요.

이 대화는 5과에서 공부했던 것과 크게 다르지 않습니다. 단수1인칭과 존칭 주어가 있는 문장에서 동사의 어미는 각각 -e, -en입니다. 그런데 상대가 존칭을 쓰는 사이가 아니라 친칭 du를 쓰는 사이라면 문장은 달라집니다. 단수 2인칭동사의 어간에 어미 -st를 써야 합니다.

너는 어디에서 왔니?
Woher kommst du?

너는 한국에서 왔구나.
Du kommst aus Korea.

이 자리에 없는 제3자, 3인칭이 주어로 쓰인다면 동사의 어간에 -t를 붙인 동사형태를 사용하게 됩니다.

그는 어디에서 왔니?
Woher kommt er?

그는 한국에서 왔어.
Er kommt aus Korea.

이 외의 다른 주어에 대해서도 이러한 방식으로 문장을 만들어 보시면 됩니다. 이제 지금까지 공부한 인칭대명사와 동사의 어미변화, 전치사와 나라이름을 이용해서 문장을 만드는 연습을 해 보겠습니다.

나는 중국에서 왔습니다.(중국 출신이에요)
Ich komme aus China.
그들은 집으로 갑니다.
Sie gehen nach Haus.

-- 43

그는 페터라고 불립니다.
Er heißt Peter.
너희들은 한국에서 왔니?
Kommt ihr aus Südkorea?
당신은 프랑스에서 오셨나요?
Kommen Sie aus Frankreich?

✽✽✽존칭과 친칭✽✽✽

영어에서는 대화하는 상대방을 모두 you로 부릅니다. 단수이건 복수이건, 나보다 어른이건 아니건 간에 전부 you를 씁니다. 독일어에서는 자신과 친밀한 관계인지 아닌지에 따라 친칭과 존칭으로 나누고, 친칭의 경우에는 단수와 복수가 또 구분됩니다. 편의상 친칭의 경우 단수는 너, 복수는 너희들, 존칭의 경우 당신, 당신들 이렇게 한국어로 표기하겠습니다.

	단수	복수
친칭	너　du	너희들　ihr
존칭	당신　Sie	당신들　Sie

친칭이 사용되고 있는 다음 대화를 보겠습니다.

A: Hallo!
　　안녕
B: Hallo!
　　안녕
A: Wie heißt du?
　　이름이 어떻게 되니?
B: Ich heiße Julia, und du?
　　나는 율리아라고 불려. 너는?
A: Ich heiße Minsu.
　　나는 민수라고 불려.

서로 이름을 물어보는 것으로 보아 잘 아는 사이라고는 할 수 없을 것 같은데, 친한 사이에서 하는 인사인 "Hallo"를 사용하고, 또 친칭을 사용해서 이름을 물어보고 있습니다. 독일어권에서는 나이차이가 아주 크게 나지 않는 경우 경우 처음 보는 사이에도 du를 사용해서 말하는 경우도 많습니다. 특히 학생들끼리는 존칭 Sie는 좀 너무 예의를 차리는 말투로 생각되는 것 같습니다. 대화 중에서 "Wie heißt du?"에 쓰인 동사에 주의를 기울여서 보시기 바랍니다.

"heiß- + -t"

주어가 du인데 -st가 붙지 않고 -t가 붙은 이유는 동사 heißen의 어간 heiß-가 ß로 끝났기 때문입니다. 만일 이 어간에 또 -st를 붙이면 유사한 발음이 계속 겹치게 되므로 이를 피하기 위해서 어미 -st에서 s를 생략해버린 것입니다. 이러한 현상은 발음 때문에 일어난 것이기 때문에 heißen 동사 외에도 어간이 -s, -ß 등으로 끝나는 동사에서 공통적으로 나타납니다.

이제 2인칭을 사용할 때, 상대와의 관계에 따라, 그리고 상대가 단수인지 복수인지에 따라 다르게 사용해야 한다는 것을 알게 되셨을 겁니다. 다음 대화를 한 번 보겠습니다.

A:	Ich bin Anja. Ich komme aus Berlin. Woher kommst du?	나는 안야라고 해. 베를린에서 왔어. 너는 어디에서 왔니?
B:	Ich bin Sumin. Ich komme aus Korea. Das ist mein Freund.	나는 수민이야. 나는 한국에서 왔어. 이 사람은 내 친구야.
C:	Hallo! Mein Name ist Minsu. Ich komme auch aus Korea.	안녕! 내 이름은 민수야. 나도 한국에서 왔어.
A:	Oh, kommt ihr aus Seoul?	오, 너희들 서울에서 왔니?
B:	Ja, ich komme aus Seoul, aber Minsu kommt aus Busan.	그래, 나는 서울에서 왔어. 하지만 민수는 부산에서 왔어.
C:	Genau! Ich komme aus Busan.	맞아. 나는 부산 출신이야.

(* genau는 '정확한'이라는 형용사로, 여기에서는 맞아! 그렇지!의 의미로 쓰였습니다. .)

이 대화는 앞서 공부한 대화들에서 사용했던 의문사와 동사 등이 쓰이고 있어 아마 해석하는 데에 특별한 어려움이 없을 것입니다. 하지만 동사의 형태가 우리가 지금까지 많이 사용했던 1인칭이나 존칭의 경우와 다릅니다. 친칭 단수와 복수인 du, ihr가 사용되었고 또 각각의 경우에 동사의 어미가 어떻게 변화하는지를 볼 수 있습니다. 또한 나와 너가 아닌 또 다른 사람인 mein Freund를 3인칭으로 보고 동사 변화를 시키는 것도 볼 수 있습니다.

확실히 독일어의 동사변화는 영어에 비해 화려합니다. 외국어로서 공부할 때에는 쉽지 않은 것이 사실입니다. 예문을 보고 이해하실 수는 있지만 실제로 사용할 수 있는 것은 또 다른 문제입니다. 쓰기연습을 많이 함으로써 문장의 구조에 익숙해 지는 것이 꼭 필요합니다.

연 습 문 제

가. 다음 중 빈 칸에 들어갈 알맞은 말을 고르세요.

1. Woher _____ du?

   ① kommen   ② komme   ③ kommst   ④ kommt

2. Wir _____ nach Haus.

   ① gehen   ② geht   ③ gehst   ④ geh

3. Wie _____ er?

   ① heißt   ② heißen   ③ heiße   ④ hieß

4. Sie _____ aus der Schweiz. (그들은 스위스에서 왔습니다.)

   ① kommen   ② gehen   ③ kommt   ④ geht

5. _____ ihr nach Deutschland?

   ① Gehen   ② Gehst   ③ Geht   ④ Geh

나. 다음과 같은 답변이 나올 수 있는 말을 고르세요.

1. A: _____
   B: Ich komme aus Österreich.

   ① Woher kommen Sie?
   ② Wie heißen Sie?
   ③ Kommen Sie aus Österreich?
   ④ Wohin gehen Sie?

2. A: _____
   B: Er heißt Marcus.

   ① Wie heißen Sie?
   ② Wie heißt er?
   ③ Wie heißen sie?
   ④ Wie heißt ihr?

Lektion **6.** 고향과 출신

3. A: _____
   B: Ja, ich gehe nach Haus.

   ① Wohin gehen Sie?
   ② Woher kommst du?
   ③ Gehen Sie nach Haus?
   ④ Wohin gehst du?

4. A: _____
   B: Wir heißen Sumin und Dongsu.

   ① Wie geht ihr nach Hause?
   ② Wie heißt ihr?
   ③ Wer sind sie?
   ④ Heißt ihr Sumin und Dongsu?

5. A: _____
   B: Er geht nach Haus.

   ① Wie geht er nach Haus?
   ② Geht er nach Haus?
   ③ Woher kommt er?
   ④ Wohin geht er?

다. 다음 문장을 독일어로 옮기세요.

1. 당신은 어떻게 불리십니까?

2. 네, 그는 독일에서 왔어요.

3. 너희들은 어디에서 왔니?

4. 아, 너는 한국에서 왔구나.

5. 너희들은 집에 가는 거니?

6. 그들은 어떻게 불리니?

7. 그녀는 어디로 가는 거지?

8. 너는 어디에서 왔니?

9. 너는 어떻게 불리지?

10. 그들은 오스트리아에서 왔어요.

라. 밑줄 친 부분은 어법에 맞지 않으니 바르게 고쳐서 의미가 통하도록 하세요.

1. Er heißen Peter.

2. Woher gehen sie?

3. Sumin und Dongsu geht nach Hause.

4. Der Junge geht aus Haus.

5. Maria und ich kommt aus München.

Lektion 7. 살아남는 독일어

❀❀❀뭐라고 하셨죠?❀❀❀

지금까지 독일어의 인칭대명사와 sein동사, 일반 동사의 변화, 신상에 대해 묻고 답하기를 공부했습니다. 이 정도만 공부해도 오류가 좀 섞인 어색한 독일어를 꽤 그럴듯하게 할 수는 있습니다. 이제 지금까지 배우지 않았지만 일상생활에서 정말로 많이 쓰는, 꼭 필요한 표현들을 알아보도록 하겠습니다. 이 중에는 간단하고 쉽게 익힐 수 있는 표현도 있지만, 지금까지 배운 문법의 범위 안에서 잘 이해가 되지 않거나 너무 긴 표현도 있습니다. 좀 어려운 문법이 필요한 표현에 대해서는 과감하게 설명을 생략하고 무작정 익혀보도록 하겠습니다.

  Wie bitte? 혹은 Bitte?   비 비테? 비테?

뭐라고요? 다시 한 번 말씀해주시겠어요?라는 의미로 쓰이는 말입니다. 영어나 프랑스어에서는 I beg your pardon? 하거나 Pardon? 혹은 Sorry? 라고 말하지요. 상대의 말을 잘 못 알아 들었을 때 가볍게 할 수 있는 말입니다. 물론 아주 어려운 사이에서는 좀 더 공손한 표현을 써야 합니다만, 여기에서는 Wie bitte? 정도만 기억하고 가도록 하겠습니다.

❀❀❀화장실 묻기❀❀❀

우리가 타지에 가서 꼭 필요한 말이 있습니다. 화장실을 물어볼 수 있어야 마음 편히 다닐 수 있겠지요. 화장실은 독일어로 이렇게 씁니다.

  die Toilette   토알레테
  das W.C.   베체
  das Badezimmer   바데침머

이중 W.C.는 영어식 표현을 독일어로 읽은 것 뿐이니 어렵지 않으실 것이고, 문제는

Badezimmer입니다. 이 말은 영어의 bathroom에 해당하는데, 욕실이 어디냐고 물어보면 가끔 변기가 없는 욕실을 알려줄 때도 있으니 확실히 하고 싶으시면 Toilette나 W.C를 알려달라고 하시는 게 더 좋겠지요. 단어 Toilette는 익히 아는 단어와 비슷하기 때문에 의미를 이해하는 것은 어렵지 않겠지만 발음은 토일렛이 아니라 토알레테라는 점에 주의하시기 바랍니다.

    Wo ist die Toilette?   보 이스트 디 토알레테

화장실은 어디에 있나요?라는 의문문입니다. 의문사 where에 해당하는 독일어 wo는 이미 공부했습니다. "어디에 화장실이 있나요?"라고 물으려면 의문사 where, 주어인 die Toilette 그리고 3인칭 단수인 주어에 대한 동사인 ist만 있으면 됩니다. 의문사가 있는 의문문이니 "의문사 + 동사 + 주어"의 어순으로 만들어주면 위의 예문에서와 같은 의문문이 만들어집니다. 이에 대한 대답은 주어인 die Toilette 다음에 동사인 ist 그리고 장소를 나타내는 부사인 da를 순서대로 써주면 됩니다.

    Die Toilette ist da.   디 토알레테 이스트 다

혹은 da를 맨 앞으로 빼서, "저기 화장실 있네요"와 같이 말하고 싶을 수도 있겠네요.

    Da ist die Toilette.   다 이스트 디 토알레테

❋ ❋ ❋ 사과하기 ❋ ❋ ❋

유럽의 일상 에티켓은 우리나라와는 당연히 달라서, 우리나라에서는 무언 중에 양해하고 지나가는 일에 대해서도 반드시 말을 해서 사과를 해야 하는 경우가 있습니다. 문화에 따른 차이이므로 잘 익혀두시면 좋겠습니다. "죄송합니다!" 혹은 "실례합니다"라는 말은 이렇게 합니다.

    Entschuldigen Sie, bitte!   엔츌디겐 지 비테

Lektion **7.** 살아남는 독일어

이보다는 좀 더 간단하고 일상적인 표현은 다음과 같습니다.

Entschuldigung!	엔츌디궁
Verzeihung!	페어차이웅

이 말들은 좀 더 긴 표현을 줄여서 쓴 것입니다. 한편 일반적으로 "미안합니다, 미안해"라는 의미로 쓸 수 있는 말은 또 다릅니다. 영어의 I'm sorry와 마찬가지로, 유감이군요라는 말로도 쓰입니다.

Es tut mir Leid!	에스 투트 미어 라이트

좀 편하게 말할 때에는 주어인 es를 빼버리고 말할 수 있습니다.

Tut mir Leid!	투트 미어 라이트

사과 혹은 사죄를 받은 사람은 괜찮다는 말을 해 줘야 하겠지요. Kein Problem! 이라는 말은 말 그대로 문제 없다는 말입니다. 여기에서 kein은 영어의 no와 유사한 표현이라고 생각하시면 됩니다. 상관없어요, 괜찮아요 정도로 이해하면 되겠습니다. 혹은 다음과 같이 말할 수도 있습니다.

Keine Ursache!	카이네 우어자헤
Macht nichts!	마흐트 니히츠

이 말들은 "미안하실 거 없어요", "아무 일도 아닌 걸요" 등으로 해석할 수 있습니다. 사실 상황에 따라 미안하다는 표현도, 괜찮다는 표현도 조금씩 다를 수 밖에 없는데 우리는 외국인이니까 조금 틀려도 어느 정도 이해해 주는 것은 있습니다. 걱정말고 표현해 보도록 하세요.

이 외에도 가게에서 물건을 사거나, 대중교통을 이용하기 등 일상에서 꼭 필요한 표현들이 있습니다만, 이 표현들을 공부하기 위해서는 숫자를 먼저 공부해야 하기 때문에 다음 과에서 다루도록 하겠습니다.

❈❈❈어떻게 지내?❈❈❈

한두 번이라도 마주쳐서 얼굴을 익힌 사람을 길에서 만나게 되면 뭔가 인사말을 건네야 하는데 그냥 Hallo!하고 끝내기엔 좀 부족한 감이 있습니다. 어떻게 지내고 있냐고 한마디 해 줘야 하겠죠.

Wie geht's?	비 게츠
Wie geht es dir?	비 게트 에스 디어
Wie geht es Ihnen?	비 게트 에스 이넨

상대가 친칭을 쓰는 사이인가 아니면 존칭을 쓰는 사이인가에 따라 Wie geht es 다음에 dir를 쓰기도 하고 Ihnen을 쓰기도 합니다. 독일어에서 안부를 묻는 표현은 사실 따지고 들면 조금 까다로운 문법이 숨어 있는데, 우리는 간단하게 Wie geht es + dir(친칭)/Ihnen(존칭) 이렇게만 알고 있으면 어렵지 않을 것 같습니다. 이제 대답을 해 줘야 하겠지요. 지금 우리의 독일어 수준으로는 그냥 잘 지낸다고 말하는 것이 무난합니다. 못지낸다고 말하면 이야기가 길어지니까요.

   Danke, gut! Und dir/Ihnen?   당케, 굳! 운트 디어/이넨?

이건 영어의 Fine, thank you! And you?와 거의 같은 의미입니다.
혹은 난 잘 지내!라고, 나를 다소 강조하기 위해 다음과 같이 말하기도 합니다.

   Mir geht es gut!   미어 게트 에스 굳

❄❄❄고맙다는 표현❄❄❄

일상에서 미안하다는 말보다 더 많이 쓰이는 말은 사실 고맙다는 말일 것입니다. 고맙다는 의사를 주고 받는 것도 일종의 문화적 의례가 있어서, 한국어와 달리 독일어에서는 반드시 천만에요, 뭘요 하는 말까지 따라와 줘야 하는 것에 유념하셔야 합니다. 먼저 고맙다는 말부터 보겠습니다.

   Danke!   당케   고마워
   Vielen Dank!   필렌 당크   많이 고마워
   Tausend Dank!   타우젠트 당크   천 번 감사

이 말들은 평범하게 사용할 수 있는 말들이지만 물론 Tausend Dank!는 생판 모르는 사람에게 쓰기는 좀 튀는 표현이기는 합니다. 이에 대한 응답으로는, 별일 아니다, 그럴 일도 아니다 등의 말이 있습니다.

Lektion **7.** 살아남는 독일어

Keine Ursache.	카이네 우어자헤
Das habe ich gern gemacht.	다스 하베 이히 게른 게마흐트
Nichts zu danken.	니히츠 추 당켄(니히츄 당켄)
Kein Ding.	카인 딩
Kein Problem.	카인 프로블렘

 여기에서 사용한 말 중 Ursache는 원인이라는 뜻입니다. 앞에서도 한 번 나온 kein은 영어의 no와 비슷한 말이기 때문에 결과적으로 no reason 정도가 됩니다. 당신이 내게 고맙다고 할 이유가 없다는 말이기 때문에, "감사할 일도 아닙니다" 정도로 해석할 수 있습니다. 두 번째 표현은 시제 문제도 있고 조금 설명하기 어려운 말이지만, 어쨌든 "기꺼이 한 일입니다" 정도로 해석하시면 됩니다. 지극히 공손한 표현이고, 존칭을 쓰는 사이나 모르는 사이에서 쓰기 좋은 말입니다. 굳이 영어로 옮기자면 gladly happened 정도라 할까요. 의미는 You're welcome에 가깝습니다.

 Nichts zu danken은 nothing to thank와 거의 같은 의미로 해석할 수 있습니다. "감사할 일도 아닙니다" 정도로 해석하시면 되고 역시 겸양의 표현이지요. Ding은 영어의 thing, Problem은 말 그대로 문제입니다. 따라서 "Kein Ding", "Kein Problem"은 "아무 것도 아니에요", "아무 문제도 아니에요" 정도의 표현입니다. 대략 길수록 더 예의바른 말이 되겠지요? 때와 장소에 맞게 적절히 잘 사용하시면 되겠습니다.

연 습 문 제

가. 다음 상황에서 사용할 수 있는 말을 고르세요.

1. 지하철에서 A가 B의 발을 밟았을 때

A: Oh, Verzeihung!
B: _____

① Macht nichts!
② Bitte schön!
③ Entschuldigung!
④ Gern geschehen!

2. 친구 A가 떨어뜨린 물건을 B가 주워 주었을 때

A: Vielen Dank!
B: _____

① Kein Problem!
② Und Ihnen?
③ Tausend Dank!
④ Mir geht es gut!

3. 서로 예의를 차리는 사이인 A와 B가 안부를 주고 받을 때

A: Wie geht es Ihnen?
B: _____

① Mir geht es sehr gut! Und dir?
② Danke, gut. Und Ihnen?
③ Es tut mir sehr Leid.
④ Das habe ich gern gemacht.

Lektion 7. 살아남는 독일어

나. B와 반응이 나올 수 있는 A의 말을 고르세요.

4.
A: _____
B: Keine Ursache!

① Wie bitte?
② Nichts zu danken.
③ Wie geht's?
④ Tut mir Leid!

5.
A: _____
B: Die Toilette ist dort.

① Wie ist die Toilette?
② Wo ist die Toilette?
③ Was ist die Toilette?
④ Entschuldigen Sie bitte!

다. 다음을 독일어로 옮겨 쓰세요.

1. 아무 문제 없습니다.
_____

2. 매우 감사합니다.
_____

3. 당신은 어떻게 지내십니까?
_____

4. 괜찮습니다.(아무 일도 아닙니다)
_____

5. 실례하겠습니다.
_____

Lektion 8. 숫자공부와 물건 사기

독일에서는 아직도 작은 도시나 시골 마을에는 마트도 없고 소규모 가게만 있는 경우가 있습니다. 그런 곳에 계신 분들 중에는 영어를 안쓰시는 분도 있기 때문에 물건을 사고 의사소통을 하는 데 필요한 간단한 독일어를 알아두어야 합니다. 그러면 먼저 가게에 가서 간단한 물건을 사기 위한 표현을 공부해 보겠습니다.

    Ich hätte gern A.   이히 해테 게른 A (A를 사고 싶은데요)
    Haben Sie A?   하벤 지 A (A를 갖고 계신가요?)
    Ich möchte A.   이히 뫼히테 A (나는 A를 원합니다)

뭘 사고(갖고) 싶은지에 따라 A 부분을 채워 넣으면 됩니다. 다만 여기에서 한 가지 주의할 점은, '~을 사고 싶습니다'라고 말하게 되기 때문에 그 A가 목적격이 된다는 것입니다. 영어로는 다음 문장에 해당하는 것이니 잘 비교해 보시면 어렵지 않을 겁니다.

I would like to have a book.

이 문장에서 a book 부분이 목적격입니다. 동사 have의 목적어이니까요. 독일어에서도 마찬가지입니다. 그래서 윗 문장에서 목적어에 해당하는 A 부분의 명사나 대명사가 경우에 따라서는 흔히 보는 주격과는 다른 관사를 갖게 될 수 있습니다. 특히 남성 명사의 경우에 그렇습니다. 한편 Ich möchte는 나는 원한다, ~했으면 좋겠다라는 의미로 사용되는 말입니다. 그래서 사과를 사고 싶다는 의미로 Ich möchte einen Apfel이라고 말할 수 있습니다.

    Ich hätte gern **einen** Apfel.   이히 해테 게른 아이넨 압펠
    Ich möchte **einen** Apfel.   이히 뫼히테 아이넨 압펠

Apfel은 남성명사이기 때문에 여태까지는 ein Apfel로 쓰는 것만 주로 보셨을 것입니다. 하지만 위의 문장에서는 주격이 아니라 목적격으로 사용되었습니다. 관사도 명사도 목적격의 형태로

사용되어야 합니다. 남성 부정관사의 목적격은 einen입니다. 관사가 바뀐다는 것은 상당히 충격적인 사건이기 때문에 받아들이기 힘드실 것이지만, 일단 남성 부정관사의 목적격이 einen이다! 라는 것만 기억하셔도 상당히 많은 부분을 알고 계시는 것입니다. 다행히 여성이나 중성의 경우에는 목적격이 되어도 주격과 같은 관사를 씁니다. 당장은 주격과 목적격만 알고 있어도 이 위기를 넘길 수 있기 때문에, 남성명사가 목적격으로 쓰일 때에는 관사를 einen으로 바꿔 써 줘야 한다는 것만 기억하면 됩니다.

Ich hätte gern eine Uhr.
나는 시계를 하나 사고 싶습니다.
Ich hätte ein Buch.
나는 책을 한 권 사고자 합니다.

이런 일이 생기기 때문에 명사를 외울 때에는 꼭 성과 함께 익히시는 것이 좋습니다. 지금은 어쨌든 부정관사 남성 목적격이 einen이라는 것, 항상 명사의 성을 함께 알아야 한다는 것만 기억하시면 되겠습니다.

❊❊❊동사 haben❊❊❊

독일어의 haben 동사는 영어의 have 동사와 모양새도 쓰임새도 많이 비슷한 동사입니다. 그런데 위의 독일어 문장들에서 보면 동사 hätte는 haben이 아니라 hätten이 기본형인 것처럼 쓰였지요. 하지만 동사 hätte는 haben 동사의 특별한 형태입니다. would, should가 will이나 shall 동사의 과거형일 뿐 아니라 특별한 의미를 가질 수도 있는 동사인 것처럼 hätten도 그와 비슷하다고 생각하시면 됩니다. 동사 haben이 가지다라는 뜻인 반면 hätten은 가졌으면 한다는 의미이고, 1인칭 단수에서 hätte의 형태로 쓰입니다.

   Ich hätte einen Apfel.   이히 해테 아이넨 압펠
   (사과를 하나 가졌으면 하는데요/사과 하나 사고 싶은데요)
   Ich hätte gern eine Banane.   이히 해테 게른 아이네 바나네
   (바나나 하나 샀으면 하는데요)
   Ich hätte gern ein Buch.   이히 해테 게른 아인 부흐
   (책을 한 권 샀으면 하는데요)

이 말들은 원하는 물건을 사고자 하는 의사를 말할 때 사용할 수 있는 표현들입니다. 여기에서도 목적격이 사용됩니다. 따라서 Apfel과 같이 남성명사를 목적어로 사용한다면 부정관사로 einen을 써야 한다는 점에 주의하시기 바랍니다.

Lektion 8. 숫자공부와 물건 사기

❄❄❄다양한 명사들❄❄❄

앞에서 사과나 책 등과 같이 명사가 많이 사용되었지요. 우리가 독일에서 일상생활을 한다면 아주 자주 쓰게 되는 명사들이니 이번에 한꺼번에 좀 익혀 두는 게 좋겠습니다. 명사 앞에는 각각 남성, 여성, 중성을 나타내는 정관사인 der, die, das를 함께 넣어서 읽으면서 익히면 성을 쉽게 익힐 수 있습니다.

der Apfel	압펠	사과
die Banane	바나네	바나나
die Erdbeere	에르트베에레	딸기
das Gemüse	게뮈제	채소
die Kirsche	키르쉐	체리
der Knoblauch	크노블라우흐	마늘
der Lauch	라우흐	파
die Milch	밀히	우유
das Obst	옵스트	과일
die Orange	오랑쥐	오렌지
der Rettich	레티히	무
die Tomate	토마테	토마토
die Traube	트라우베	포도
das Wasser	바써	물
die Wassermelone	바써멜로네	수박
der Wein	바인	와인

이제 이 단어들을 가지고 문장을 만들어 보도록 하겠습니다. 아래 문장들에 사용된 숫자는 이 과 안에서 다시 공부하시게 됩니다.

오렌지 세 개를 샀으면 하는데요 Ich hätte gern drei Orangen.	이히 해테 게른 드라이 오랑줸
딸기 있나요? Haben Sie Erdbeeren?	하벤 지 에르트베렌?
수박을 하나 사고 싶은데요 Ich möchte eine Wassermelone kaufen.	이히 뫼히테 아이네 바써멜로네 카우펜
마늘 있어요? Haben Sie Knoblauch?	하벤 지 크노블라우흐
바나나 다섯 개 사고 싶은데요 Ich hätte gern fünf Bananen.	이히 해테 게른 퓐프 바나넨

가게에 가서 원하는 물건을 말할 때에 쓰는 표현으로는 여기에서 쓰인 것처럼 다음의 세 가지 정도를 알아두시면 됩니다.

Ich hätte gern A	A를 좀 갖고 싶은데요
Ich möchte A kaufen	A를 사고 싶습니다
Haben Sie A?	A 갖고 계신가요? (A 있어요?)

이제 우유를 사고 싶다는 표현을 다음과 같이 하실 수 있을 겁니다. 그런데 수박이나 사과와 달리 우유는 하나, 둘 하고 셀 수 없는 불가산 명사이기 때문에 관사를 쓰지는 않습니다.

Ich hätte gern Milch.	이히 해테 게른 밀히
Ich möchte Milch kaufen.	이히 뫼히테 밀히 카우펜
Haben Sie Milch?	하벤 지 밀히?

만일 수박을 하나 사고 싶다면 다음과 같이 말하면 되겠지요?

Ich hätte eine Wassermelone.	이히 해테 아이네 바써멜로네
Ich möchte eine Wassermelone.	이히 뫼히테 아이네 바써멜로네
Haben Sie Wassermelonen?	하벤 지 바써멜로네?

Lektion 8. 숫자공부와 물건 사기

이제 음식물 외에도 일상생활에서 많이 찾게 되는 명사도 공부하도록 하겠습니다.

das Buch	부흐	책
die Fahrkarte	파르카르테	(기차나 버스 등) 티켓
Sim-Karte	심카르테	유심카드
die Turnschuhe(복수)	투른슈에	운동화
die Mütze	뮐체	모자
der Schal	샤알	스카프
das T-Shirt	테셔트	티셔츠
die Tasche	타쉐	가방
die Sonnenbrille	존넨브릴레	선글라스
die Socken(복수)	족켄	양말

이 어휘들과 지금까지 공부한 구문을 이용해서 일상에서 필요한 물건들을 사기 위한 문장을 만들어 보겠습니다. 아래 한글로 쓰인 텍스트만 보고 독일어는 가려 놓으시고 스스로 써보시고 발음도 하시면서 공부하시기 바랍니다.

뮌헨으로 가는 차표 한 장 사고자 합니다.
Ich möchte eine Fahrkarte nach München kaufen.

유심하나 하나 샀으면 하는데요.
Ich hätte gern eine Sim-Karte.

선글라스 하나 갖고(사고) 싶은데요.
Ich hätte gern eine Sonnenbrille.

양말 있어요?
Haben Sie Socken?

운동화 있나요?
Haben Sie Turnschuhe?

※※※명사의 복수형※※※

이번 과에서는 일상에서 필요한 물건이나 음식에 대한 다양한 명사를 공부했습니다. 그런데 어떤 명사는 관사를 꼭꼭 쓰는데 어떤 명사는 관사 없이 쓰기도 하고 또 어떤 명사는 복수형으로 쓰기도 했습니다. 양말이나 신발 등 두 개가 쌍을 이루는 물건들은 항상 복수로 쓰게 되겠지요. 또 우유(Milch)나 물(Wasser)과 같은 셀 수 없는 명사, 이른바 불가산명사도 관사를 쓰지 않습니다.

단 수	복 수	
die Socke	die Socken	양말
der Turnschuh	die Turnschuhe	운동화

모든 명사는 성에 따라 다른 정관사와 함께 사용되지만, 이 명사들의 복수형은 공통적으로 하나의 관사 die와 함께 쓰입니다. 문제는 독일어에서 명사의 복수형이 영어에 비해 조금 복잡하다는 것입니다. 복수형을 만드는 방식은 크게 6가지 이상이 있는데, 이 중에서 어떤 복수형 어미를 선택할 것인지에 대한 규칙이 정해져 있는 것이 아닙니다. 그래서 원래는 명사를 외울 때에 정관사와 함께 외우는 것은 물론이고 복수형도 함께 외워줘야 합니다. 예컨대 das Buch – die Bücher 이런 식으로 말이죠. 이 책에서는 지극히 기초적인 독일어를 할 수 있도록 하는 것을 목적으로 하고 있기때문에 복수형은 많이 다루지 않기로 합니다.

❄❄❄얼마인가요?❄❄❄

이제 구체적으로 가게에 들어가서 물건값을 묻기 위해 필요한 말을 공부해 보겠습니다. 먼저, 이거 얼마인가요?라는 표현을 볼까요?

Was kostet das?	바스 코스테트 다스
Wie viel kostet das?	비 필 코스테트 다스
Wie viel verlangen Sie dafür?	비 필 페어랑엔 지 다퓌어

앞의 두 문장에 사용된 kosten 동사는 영어의 cost와 유사한 의미를 가진 동사입니다. 위의 두 표현은 What does it cost?와 유사한 표현이고, 세 번째 문장은 "당신은 그것(그 물건)에 대해 얼마를 요구하십니까?"라는 표현입니다. 결국 그 물건 얼마냐는 의미가 됩니다.

의문사인 "wie viel"은 영어의 how much라고 이해하시면 됩니다. 따라서 처음 두 문장은 각각 물건 값이 무엇이냐 혹은 얼마나 되느냐의 의미를 갖고 거의 비슷하게 사용된다고 보시면 됩니다.

❄❄❄숫자❄❄❄

이제 판매자가 값을 말해 주겠지요. 숫자를 공부할 차례인데요, 이번 과에서는 너무 많은 내용을 한꺼번에 공부했기 때문에 숫자 중에서 우선 급한대로 1부터 12까지의 수를 공부해 보겠습니다.

Lektion 8. 숫자공부와 물건 사기

1	eins 아인스	2	zwei 츠바이	3	drei 드라이	4	vier 피어
5	fünf 퓐프	6	sechs 젝스	7	sieben 지벤	8	acht 아흐트
9	neun 노인	10	zehn 첸	11	elf 엘프	12	zwölf 츠뷜프

숫자를 배웠으니 이제 물건의 가격을 말하는 방식을 공부할 차례입니다.

Das kostet 1 Euro.
Das kostet 10 Euro.
Das macht 12 Euro.

좀 더 비싼 물건에 대해서는 다음 강에서 숫자를 본격적으로 공부한 다음에 다시 공부해 보도록 하겠습니다. 가게에 가서 물건을 사는 것은 일상회화에서 상당한 난이도의 상황을 해결할 수 있다는 것을 의미합니다. 여기에서는 아주 간단한 대화만 공부해 보도록 하겠습니다. 다음의 대화 상황을 보겠습니다.

Verkäufer:	Guten Tag!	구텐 탁
Sumin:	Guten Tag!	구텐 탁
Verkäufer:	Was darf es sein?	바스 다르프 에스 자인?
Sumin:	Ich hätte gern zwei Bananen. Was kostet das?	이히 해테 게른 츠바이 바나넨 바스 코스테트 다스?
Verkäufer:	Zwei Bananen kosten 1 Euro.	츠바이 바나넨 코스텐 아인 오이로
Sumin:	Gut, und ich möchte einen Apfel.	굳, 운트 이히 뫼히테 아이넨 압펠
Verkäufer:	Ein Apfel kostet 50 Cent.	아인 압펠 코스테트 퓐프치히 센트
Sumin:	Hier ist 1 Euro 50.	히어 이스트 아인 오이로 퓐프치히
Verkäufer:	Danke! Auf Wiedersehen!	당케 아우프 비더젠
Sumin:	Auf Wiedersehen!	아우프 비더젠

대화에 참여한 Verkäufer는 물건을 파는 사람, 상인이라는 뜻입니다. 대화 중에 쓰인 "Was darf es sein?"은 가게 주인이 손님에게, 뭘로 드릴까요?라고 묻는 내용입니다. 이 문장에는 조동사가 darf의 형태로 쓰였는데 영어의 may와 유사하다고 보시면 됩니다. 이 동사는 제법 까다로워서 이 책에서는 다루지 않겠습니다. 그냥 통으로 외워두시면 자주 쓰거나 듣게 되실 것입니다.

연습문제

가. 다음 상황에서 사용할 수 있는 말을 고르세요.

1. 물건을 사러 가게에 들어온 손님에게 상인이 인사한 후

① Wie viel möchten Sie?
② Wie viel verlangen Sie dafür?
③ Was kostet das?
④ Was darf es sein?

2. 과일 가게에서 딸기를 사고 싶다고 말할 때

① Ich möchte eine Flasche Wein kaufen.
② Ich hätte gern 300g Erdbeere.
③ Haben Sie bitte Sim-Karte?
④ Wir haben Erdbeere.

3. 베를린으로 가는 차표를 사려면

① Ich hätte gern eine Sim-Karte.
② Haben Sie einen Fahrplan?
③ Ich möchte eine Fahrkarte nach Berlin kaufen.
④ Ich hätte gern zwei Fahhkarten.

나. 다음 어휘와 단어를 짝지으세요.

1    a Apfel

2    b Turnschuhe

3    c Knoblauch

Lektion 8. 숫자공부와 물건 사기

4		d Kirsche
5		e Schal
6		f Socken
7		g Traube
8		h Sonnenbrille
9		i Wassermelone
10		j Buch

다. 다음 문장을 독일어로 옮기세요.

1. 사과 하나에 얼마에요?
   ----

2. 이것은 (하나의) 바나나입니다.
   ----

3. 이거 얼마 받으실 거에요?(얼마를 요구하시나요?)
   ----

4. 저 유심카드 하나 샀으면 하는데요.
   ----

5. 양말 있으세요?(양말 파세요?)
   ----
6. 이 운동화 얼마인가요?
   ----
7. 바나나 세 개는 2유로 50센트에요.
   ----
8. 함부르크 가는 차표 한 장 사고 싶습니다.
   ----
9. 이 책은 얼마인가요?
   ----
10. 무엇을 드릴까요?

Lektion 9. 더 많은 일상 표현

이번 강에서는 지난 강에 이어 숫자를 좀 더 공부해 보겠습니다. 그리고 이렇게 공부한 숫자를 바탕으로 일상에 필요한 숫자 말하기를 연습해 보겠습니다. 이제 11부터 20까지의 숫자를 보겠습니다. 사실 11과 12는 이미 공부했지만 공부하는 김에 다시 한번 보죠.

11	elf	엘프
12	zwölf	츠빌프
13	dreizehn	드라이첸
14	vierzehn	피어첸
15	fünfzehn	퓐프첸
16	sechzehn	제히첸
17	siebzehn	집첸
18	achtzehn	아흐첸
19	neunzehn	노인첸
20	zwanzig	츠반치히

숫자 중 13에서 19까지는 숫자 뒤에 zehn을 붙여서 3(과)10, 4(와)10 이런 식으로 수를 표현하고 있는 것을 알 수 있습니다. 다만 16과 17에서는 주의가 필요하죠. 원래대로라면 sechszehn, siebenzehn이 되어야겠지만, 그렇게 하면 발음이 좀 어려워지거나 너무 길어지기 때문에 편하게 발음하기 위해 이렇게 변형되었다고 생각하시면 되겠습니다.

다음으로는 10부터 100까지의 수를 공부해 보겠습니다.

10	zehn	첸
20	zwanzig	츠반치히
30	dreißig	드라이씨히
40	vierzig	피어치히
50	fünfzig	퓐프치히
60	sechzig	제히치히
70	siebzig	집치히
80	achtzig	아흐치히
90	neunzig	노인치히
100	hundert	훈데르트

영어에서 twenty, thirty 등의 숫자를 만들 때에 -ty가 들어가는 것과 비교해보면 발음이 비슷한(?) -zig가 붙는 것이라고 이해하면 좀 쉬우실 것 같습니다. 그런데 숫자 뒤에 -zig를 붙여서 10단위의 수를 만드는 이 과정에서도 예외적인 부분은 있습니다. 먼저 20은 zweizig가 아닌 zwanzig이고, 30도 dreizig가 아니라 dreißig입니다. 한편 60과 70에서 철자의 변화가 있는 것은 앞에서 16, 17을 익힐 때 공부한 것과 다르지 않습니다.

이제 21에서 99까지의 수 중 아직 공부하지 않은 숫자들을 마저 싹 다 공부하겠습니다. 지금까지는 영어와 대동소이했지만 이제부터는 영어와 꽤 달라집니다. 영어에서는 26을 말할 때 20을 먼저 말하고 6을 말하는 방식으로, 즉 twenty six라고 하지만 독일어에서는 6 + 20 으로 말합니다. 이 때 +는 영어의 and와 유사한 und로 읽습니다. 그리고 충격적이게도 이 모든 것을 띄어쓰지 않고 다 붙여 씁니다.

26 sechsundzwanzig 젝스운트츠반치히

이제 다른 숫자도 좀 더 연습해 볼까요

87	siebenundachtzig	지벤운트아흐치히
63	dreiundsechzig	드라이운트제히치히
37	siebenunddreißig	지벤운트드라이씨히
99	neunundneunzig	노인운트노인치히
41	einundvierzig	아인운트피어치히
92	zweiundneunzig	츠바이운트노인치히
46	sechsundvierzig	젝스운트피어치히
69	neunundsechzig	노인운트제히치히
36	sechsunddreißig	젝스운트드라이씨히
21	einundzwanzig	아인운트츠반치히

이제는 제법 큰 숫자도 다 말할 수 있게 되었으니 나이를 물어보고 대답하는 대화를 연습해 보겠습니다. 먼저 상대의 나이를 물어보는 표현은 영어와 똑같습니다. 단어와 단어가 일대일대응하게끔 문장을 만들어 주시면 됩니다.

How old are you?
Wie alt sind Sie? 비 알트 진트 지

Lektion **9.** 더 많은 일상 표현

직역하면 얼마나 늙으셨어요?라는 질문입니다. 나이를 물을 때 사용하는 표현이고, 이에 대한 대답 역시 영어와 비교해서 그대로 단어를 일대일 대응시키면 됩니다.

I   am   twenty   years   old.
Ich   bin   zwanzig   Jahre   alt. 이히 빈 츠반치히 야레 알트

Jahre는 Jahr(year)의 복수형입니다. 여러분도 한 살이 아니니 모두 복수형으로 대답하시게 되겠지요. 형용사 alt는 영어의 old에 해당하는 표현입니다. 나이를 묻고 대답하는 말은 모두 영어와 똑같은 어순과 비슷한 단어로 구성되어 있으니 영어와 비교해서 말하면 되겠습니다. 각자 자신의 나이를 생각하면서 묻고 대답하기를 연습해 보시기 바랍니다.

질문	Wie alt sind Sie?	비 알트 진트 지
	Wie alt bist du?	비 알트 비스트 두
대답	Ich bin neunzehn Jahre alt.	이히 빈 노인첸 야레 알트
	Ich bin dreißig Jahre alt.	이히 빈 드라이씨히 야레 알트
	Ich bin zweiundvierzig.	이히 빈 츠바이운트피어치히
	Ich bin siebzig Jahre alt.	이히 빈 집치히 야레 알트

질문 중 두 번째 문장은 친근한 사이일 때 사용하는 표현입니다. 주어가 친칭 du이면 sein 동사는 bist의 형태를 취하겠지요. 그리고 의문사가 맨 앞에 오고 그 다음에는 동사 + 주어의 어순으로 문장이 구성되기 때문에 위와 같은 문장이 만들어집니다. 나이를 말할 때 영어에서도 years old를 빼고 이야기하는 경우가 있듯이 독일어에서 Jahre alt를 빼고 숫자만 말하기도 합니다. 예문에도 나와 있습니다.

❋❋❋시간 묻고 말하기❋❋❋

다음에는 생활에서 꼭 필요한 표현 중 하나, 시간을 말하는 방법을 공부해 보겠습니다. 먼저, "지금 몇 시입니까?"라고 물어보는 표현을 보겠습니다. 나이를 묻는 표현과 달리 시간을 묻는 이 표현은 영어와는 영 다릅니다.

딱! 한달 공부하는 **쉬운 독일어**

지금 몇시입니까?
Wie spät ist es jetzt? 비 쉬페트 이스트 에스 예츠트

이 표현을 영어 단어와 일대일대응시키면 How late is it now?로 번역될 수 있습니다. 영어에서는 시간을 물을 때 이런 표현을 쓰지는 않지요. 하지만 대략 어떤 의미인지 감은 잡으실 수 있을 것이라 생각됩니다. 여기에서 jetzt는 영어의 now와 같은 의미로서, 꼭 쓰지 않아도 비슷한 의미가 됩니다. 이제 시간을 묻는 질문에 대한 대답을 해보겠습니다.

Es ist jetzt acht Uhr siebzehn. 에스 이스트 예츠트 츠바이 우어 집첸
지금 8시 17분입니다.

문장 중에 쓰인 Uhr는 시계라는 뜻도 있지만, 몇 시라고 말할 때 '시'의 의미, 즉 영어로 o'clock에 해당하는 의미도 갖고 있습니다. 한 편, '분'에 해당하는 Minute라는 단어도 있습니다. Minute는 단수이고, 많은 경우 복수인 Minuten이라고 쓰면 됩니다. 그런데 실제로 일상에서 말할 때에는 Minute까지 말하는 경우는 거의 없습니다. 분단위는 그냥 숫자만 말하고 끝!입니다.

오전과 오후를 나타내는 시간 부사도 함께 알아두겠습니다. 오전 8시입니다라고 말하려면 부사 vormittags를 쓰고, 오후시간을 말하려면 부사 nachmittags를 씁니다.

Es ist sechs Uhr vormittags. 에스 이스트 젝스 우어 포아미탁스
오전 6시입니다.

Es ist drei Uhr nachmittags. 에스 이스트 드라이 우어 나흐미탁스
오후 세 시입니다.

오전 오후를 나누어 말하는 것이 번거롭기도 하고 혼동의 여지가 있을 때, 회의시간이나 기차시간 등 정확하고 공식적인 시간 말하기가 필요할 때에는 24시간 말하기를 시전합니다. 즉, 오후 2시라고 말하는 게 번거롭고 불분명하니 14시라고 말하는 것입니다. 따라서, 지금이 오후 2시라

Lektion 9. 더 많은 일상 표현

고 말하고 싶을 때에는 다음과 같은 두 가지 가능성이 있습니다.

1. Es ist zwei Uhr nachmittags.   에스 이스트 츠바이 우어 나흐미탁스
2. Es ist vierzehn Uhr.   에스 이스트 피어첸 우어

다음 몇 가지 시간을 더 말해보겠습니다.

오전 10시 10분	Es ist zehn Uhr zehn. 에스 이스트 첸 우어 첸
오전 1시 5분	Es ist ein Uhr fünf. 에스 이스트 아인 우어 퓐프
오후 1시 20분	Es ist dreizehn Uhr zwanzig. 에스 이스트 드라이첸 우어 츠반치히
오후 6시 15분	Es ist achtzehn Uhr fünfzehn. 에스 이스트 아흐첸 우어 퓐프첸

❄❄❄대중교통❄❄❄

숫자를 이해하고 말할 수 있게 되면 교통수단을 이용하거나 길을 찾는 일을 할 수 있게 됩니다. 다음의 대화 내용을 공부해 보겠습니다.

Herr A: Guten Tag, Herr B!   구텐 탁, 헤어 베
Herr B: Guten Tag Herr A! Wohin farhen Sie?   구텐 탁 헤어 아! 보힌 파렌 지?
Herr A: Ich fahre nach Nürnberg.   이히 파레 나흐 뉘른베르크
Herr B: Sie nehmen den Bus 30.   지 네멘 덴 부스 드라이씨히

Herr A는 뉘른베르크로 가려고 합니다. 그래서 Herr B는 거기로 가는 차편을 알려줍니다. 30번 버스를 타라고 말하고 있지요. 이 대화에서 사용된 nehmen 동사는 영어의 take와 유사한 쓰임을 가지고 있습니다. 당신은 몇 번 버스를 타시면 됩니다라는 표현은 Sie nehmen ~ 을 사용하면 됩니다.

❋❋❋명령문❋❋❋

그런데 'Sie nehmen den Bus 30.'라는 표현은 사실 상태나 사실을 표현하는 말이지 명령문은 아닙니다. 물론 대화에서처럼 명령문처럼 쓰일 수는 있습니다. 그렇다면 독일어의 명령문은 어떻게 만들까요? 존칭 Sie에 대한 명령문은 의외로 간단하므로 가볍게 익히실 수 있습니다.

　　　동사원형 + Sie + 문장의 나머지 성분 + !

명령문의 주어가 존칭 Sie인 경우에는 위와 같이 명령문을 만들 수 있습니다. 더 간단하게 말하자면, 동사와 주어의 순서만 바꿔버리면 명령문이 됩니다.

Sie nehmen den Bus.	당신은 그 버스를 탑니다. (평서문)
⇒ Nehmen Sie den Bus!	그 버스를 타세요. (명령문)
Sie nehmen den Taxi.	당신은 그 택시를 탑니다. (평서문)
⇒ Nehmen Sie den Taxi!	그 택시를 타세요. (명령문)
Sie kommen nicht.	당신은 오지 않습니다. (평서문)
⇒ Kommen Sie nicht!	오지 마세요. (명령문)
Sie fahren nach Hause.	당신은 집으로 갑니다. (평서문)
⇒ Fahren Sie nach Hause!	집으로 가세요. (명령문)

한 편, 영어에서의 "Let's"로 시작하는 명령문과 유사한, wir에 대한 명령도 마찬가지로 동사와 주어의 어순만 바꾸면 손쉽게 만들 수 있습니다.

Nehmen wir den Bus!	우리 그 버스 탑시다.
Nehmen wir den Taxi!	우리 그 택시 타요.
Gehen wir nicht!	우리 가지 맙시다.
Fahren wir nach Hause!	우리 집으로 갑시다.

명령문이 생각보다 간단하다고 생각하시겠지만 그건 딱 여기까지만이고, 대상이 친칭이 되면 좀 복잡한 이야기가 됩니다. 여기에서는 친칭에 대한 명령은 다루지 않겠습니다. 친칭인 du나 ihr에 대한 명령문은 문법을 좀 더 집중적으로 공부해야 익숙하게 쓸 수 있습니다. 당분간은 이 사람들에 대해서는 명령문을 안 쓰기로 하죠. 아니면 모른 척하고 그냥 존칭 명령문을 써 버리는 것도 한 방법입니다.

❋❋❋음식 주문하기❋❋❋

이제 카페나 음식점에서 음식을 주문하기 위한 간단한 독일어를 공부해 보겠습니다. 지금까지 공부한 표현들이나 숫자, 동사와 명사 등을 이용하면 쉽게 필요한 문장을 만들 수 있습니다.

A: Guten Tag! Was darf es sein?
　　안녕하세요! 무엇을 드릴까요?

Lektion **9.** 더 많은 일상 표현

B: Guten Tag! Ich möchte einen Kaffee, bitte!
　　안녕하세요! 저는 커피 한 잔 원합니다.
A: Und Sie? Was möchten Sie?
　　그리고 손님은요? 무엇을 원하시나요?
C: Ich hätte gern eine Cola, bitte.
　　저는 콜라 한 잔 했으면 합니다.
A: Gut! Sie möchten einen Kaffee und eine Cola.
　　알겠습니다. 커피 한 잔과 콜라 한 잔 원하시는 거죠.

주문을 받으시는 분은 앞서 공부한 "Was darf es sein?"을 그대로 사용하고 있습니다. 상점에서 사용했던 표현을 음식의 주문을 받는 상황에서도 똑같이 사용할 수 있다는 것을 알 수 있습니다. 또 주문하는 입장에서도 우리가 물건을 사고자 할 때 사용하는 표현인 "Ich hätte gern A"를 카페나 음식점에서도 사용할 수 있습니다. 원한다는 의미의 약한 표현이라고 생각하시면 되겠습니다. 또 대화에서 볼 수 있듯이 주문을 할 때에는 말 끝에 "bitte"를 넣어 주시면 훨씬 부드럽고 예의바른 표현이 될 수 있습니다.

딱! 한달 공부하는 **쉬운 독일어**

연습문제

가. 다음 숫자를 독일어로 올바로 옮긴 문항과 짝지으세요.

1. 12		가.	eins
2. 59		나.	siebenundsechzig
3. 71		다.	neunundfünfzig
4. 100		라.	hundert
5. 1		마.	dreizehn
6. 67		바.	zwölf
7. 13		사.	einundsiebzig

나. 다음 시계를 보고 시간을 정확히 말한 문항과 짝지으세요.

가. Es ist zwölf Uhr dreißig.
나. Es ist neun Uhr fünfundzwanzig.
다. Es ist dreizehn Uhr zwanzig.
라. Es ist elf Uhr.

Lektion 9. 더 많은 일상 표현

다. 다음에 제시된 사물을 독일어로 쓰세요. (명사의 성까지 쓰시기 바랍니다.)

1. _____   2. _____   3. _____

4. _____   5. _____   6. _____

라. 다음 대화의 빈 칸에 알맞은 어휘를 써 넣으세요.

A: Guten _____, Frau Henkel!
B: Guten Tag, Herr Brandt!
A: Was darf _____ sein?
B: Ja, ich möchte ein Kilogramm Rindfleisch, _____.
(das Rindfleisch: 소고기)
A: _____ ist das Rindfleisch, sonst noch etwas?
B: Das ist alles. Was _____ das?
A: Das ist 10 Euro, bitte.
B: Hier ist 20 Euro, bitte.
A: Hier ist 10 Euro, danke. Auf Wiedersehen!
B: Danke _____. Auf Wiedersehen!

마. 다음 문장을 독일어로 옮기세요.

1. 너희들은 몇 살이니?
   ----
2. 나는 택시를 탑니다.
   ----
3. 나는 43세입니다.
   ----
4. 지금 몇 시인가요?
   ----
5. 지금은 1시 (정각)입니다.
   ----
6. 지금은 오후 세 시 15분이에요.
   ----
7. 당신은 뮌헨으로 (탈 것을 타고) 가십니까?
   ----
8. 무엇으로 하시겠어요?(음식점 등에서 손님의 용건을 묻는 말)
   ----
9. 저는 커피 한 잔 원합니다.
   ----
10. 저는 맥주 한 잔으로 할께요.

Lektion 10. haben 동사를 비롯한 대단한 동사들

이 과에서는 영어의 have 동사와 상당히 유사한 것으로 보이는 독일어 동사 haben의 쓰임을 공부하겠습니다. 또한 이 동사와 함께, 마찬가지로 지극히 불규칙하게 변화하는 동사들인 werden, wissen 동사에 대해서도 공부해 보겠습니다.

이미 설명한 것처럼 haben 동사는 영어의 have 동사와 발음도 비슷하고 생긴 것도 비슷하고 의미도 얼추 비슷합니다. 그리고 have 동사와 마찬가지로 완료형을 만들 때에도 쓰이고 그 외에도 다양하게 자주 사용되는 동사입니다. 물론 영어의 have 동사와 다른 점도 많이 있지만, 전체적으로는 비슷하겠거니 하고 공부하셔도 됩니다. 이제 다음 영어 문장을 독일어로 옮겨 써보면서 have동사와 haben 동사를 비교해 보도록 하겠습니다.

I have a book. 　　　　　　Ich habe ein Buch.
　　　　　　　　　　　　　이히 하베 아인 부흐
　　　　　　　　　　　　　나는 책을 한 권 가지고 있다.

He has a girl friend.　　　　　Er hat eine Freundin.
　　　　　　　　　　　　　에어 하트 아이네 프로인딘
　　　　　　　　　　　　　그는 여자친구가 있다.

You have a table. (너)　　　　Du hast einen Tisch.
　　　　　　　　　　　　　두 하스트 아이넨 티쉬
　　　　　　　　　　　　　너는 테이블을 하나 가지고 있다.

You have a sister. (너희들)　　Ihr habt eine Schwester.
　　　　　　　　　　　　　이어 합트 아이네 쉬베스터
　　　　　　　　　　　　　너희들은 누이를 갖고 있구나.

이처럼 haben 동사는 다른 일반 동사와는 다른 방식으로 현재인칭변화를 합니다. 그리고 이 다른 방식은 많이 사용해보고 익히는 방법이 가장 좋습니다. 다음 표에서는 우선 haben 동사의 현재인칭변화를 정리해 보겠습니다.

단수		복수	
ich	habe	wir	haben
du	hast	ihr	habt
er/sie/es	hat	sie	haben
Sie	haben	Sie	haben

이제 haben 동사를 이용한 의문문을 만들어 보겠습니다. 의문문에 이르게 되면 영어와 상당히 달라지는 문장구조를 보여주게 됩니다. 영어의 have 동사가 포함된 의문문을 만들기 위해서는 조동사 do를 이용하는 것과 달리, 독일어는 지금까지의 모든 의문문에서와 마찬가지로 그저 동사가 앞으로 가면 된다는 원칙에 변함이 없기 때문입니다.

Do you have a book?(당신)
Haben Sie ein Buch?　　　　　　　　하벤 지 아인 부흐?
Does he have a girl friend?
Hat er eine Freundin?　　　　　　　하트 에어 아이네 프로인딘?
Do you have children?(너희들)
Habt ihr Kinder?　　　　　　　　　합트 이어 킨더?
Do we have a bag?
Haben wir eine Tasche?　　　　　　하벤 비어 아이네 타쉐?
What do you have in your bag?
Was haben Sie in Ihrer Tasche?　　바스 하벤 지 인 이어러 타쉐?
What does he have in his hand?
Was hat er in seiner Hand?　　　　바스 하트 에어 인 자이너 한트?

지금까지의 문장들과 달리 이 문장들에서는 영어와 독일어의 단어와 어순이 일대일대응이 되지 않습니다. 두 언어가 의문문을 만드는 데에 차이를 보이기 때문입니다. 영어에서는 (be 동사의 외의 동사가 쓰인 문장에서) 의문문을 만드는 경우 조동사 do가 필요하지요. 주어의 수에 따라, 그리고 시제에 따라 변화하는 것은 이 조동사 do의 몫입니다. 반면 독일어에서는 문장의 시제를 알려주고 주어의 수(단수/복수)를 알려주는 역할을 굳이 조동사에게 맡기지 않고 의미를 가진 일반동사가 그냥 다 합니다. 그러자니 그 동사가 직접 맨 앞으로 가서 문장에 대한 정보를 얼른 알려주는 문장구조가 되는 것입니다. 영어가 편하게 느껴지시는 분은 독일어의 이러한 문장이 낯설 수 있지만, 사실 굳이 조동사를 따로 쓰지 않고 동사의 위치만 앞으로 툭 옮겨 주는 방식이 더 단순하다고 생각할 수도 있습니다. 위의 문장들을 반복해서 읽어보고 또 쓰기 연습을 하면서 이 편안한 독일어 의문문에 익숙해지시기를 바랍니다.

Lektion 10. haben 동사를 비롯한 대단한 동사들

다음으로는 haben 동사 못지 않게 격렬하게 변화하는, 하지만 꼭 알아두어야 할 두 개의 동사를 공부해 보겠습니다. 이 동사들은 알다(know)와 되다(become)의 의미를 가진 wissen 동사와 werden 동사입니다. 먼저 동사 wissen의 현재인칭변화는 다음과 같습니다.

단수		복수	
ich	weiß	wir	wissen
du	weißt	ihr	wisst
er/sie/es	weiß	sie	wissen
존칭			
Sie	wissen	Sie	wissen

앞서 haben 동사나 이 wissen 동사에서 볼 수 있듯이, 복수형에서는 일반적인 규칙동사의 변화와 다르지 않습니다. 주의해야 하는 것은 단수에서의 변화입니다. 단수에서 웬만한 동사는 1인칭에서는 규칙동사와 같이 변화하는데 이 wissen 동사는 그마저도 다르게 변화합니다. 다음 강에서 보시게 되겠지만 화법조동사라는 동사부류와 유사한 방식으로 변화하기 때문에 상당히 까다로운 변화를 보인다고 할 수 있습니다. 즉, 단수 1인칭과 3인칭에서의 변화가 같고, 단수 2인칭은 여기에 –t를 붙여서 변화시켰다는 것을 주의깊게 보아주시기 바랍니다.

(* 그림에서 was는 의문사인데, 문장 중간에 쓰일 때에는 etwas의 줄임말로 쓰이므로 something처럼 해석하면 됩니다.)

이 동사들을 이용해서 문장을 만들어 보겠습니다.

나는 그것을 알고 있다.
Ich **weiß** das.   이히 바이스 다스
너 그거 알고 있니?
Weißt du das?   바이스트 두 다스?
나는 그것을 몰라.
Ich **weiß** das nicht.   이히 바이스 다스 니히트
우리는 그 번호를 모른다.
Wir **wissen** die Nummer nicht.   비어 비센 디 눔머 니히트

딱! 한달 공부하는 **쉬운 독일어** •

너희들 그거 알아?
Wisst ihr was?   비스트 이어 바스?
당신은 무엇을 아십니까?
Was **wissen** Sie?   바스 비센 지?

독일어의 동사 wissen은 영어의 know와 유사한 의미를 가지고 있기는 하지만 쓰임에 있어서는 상당히 주의해야 하는 동사입니다. 여기에서는 이 정도만 알아두시도록 하고 동사의 현재인칭변화에 집중해서 공부하도록 하겠습니다.

한편 동사 werden의 현재인칭변화는 또 다른 혼란함이 있습니다. 다음 표에서는 werden 동사의 현재인칭변화를 볼 수 있습니다.

단수		복수	
ich	werde	wir	werden
du	wirst	ihr	werdet
er/sie/es	wird	sie	werden
존칭			
Sie	werden	Sie	werden

동사 werden은 우선적으로 "되다"라는 의미를 가진 동사이고, 독일어에서는 추측의 조동사, 수동의 조동사로도 사용됩니다. 영어의 become 혹은 날씨 등이 변화할 때 사용하는 get 동사와 쓰임이 비슷하다고만 알고 있으면 지금으로서는 충분할 것 같습니다. 이제 지금까지 공부한 세 개의 불규칙 변화 동사가 포함된 대화문을 보면서 동사의 변화와 쓰임을 종합적으로 공부해보도록 하겠습니다.

A: Hi, Sven! Wo gehst du hin?
B: Hallo, Sumi! Ich gehe zum Unterricht.
A: Ach so. Wann hast du denn Unterricht?
B: In zwanzig Minuten beginnt die Deutsche Grammatik.
A: Weißt du? Die Grammatik beginnt immer fünfzehn Minuten später.
B: Ach, wirklich? Ich weiß das nicht.

Lektion 10. haben 동사를 비롯한 대단한 동사들

A: Also, du hast noch Zeit. Wollen wir Kaffee trinken?
B: Gut, ich trinke gern Eiskaffee.
A: Ich trinke heiße Schokolade. Mir ist kalt.
B: Ja, es wird langsam kalt.
A: Das stimmt. Es wird immer kälter.
B: Gehen wir ins Café.

A: 안녕, 스벤! 너 어디 가니?
B: 안녕, 수미! 나 수업 가.
A: 아 그래. 수업이 몇 시인데?
B: 20분 있다가 독일어 문법 시작해.
A: 너 근데 문법 수업 항상 15분 늦게 시작하는 거 알아?
B: 아, 진짜? 난 모르고 있었어.
A: 그러니까 넌 아직 시간이 있는 거지. 커피 마실래?
B: 좋지, 난 아이스커피 마시는 거 좋아해
A: 난 핫초코로 할래. 난 춥네.
B: 그래. 슬슬 쌀쌀해지고 있어.
A: 맞아. 점점 추워지고 있어.
B: 카페로 가자.

수미는 스벤에게 어디로 가느냐(Wo gehst du hin?)고 묻기 위해 의문사 wohin을 사용하고 있습니다. 조금 특이한 것은 의문사를 wo와 hin으로 나누어 쓰고 있다는 것입니다. 이 경우 hin은 문장 맨 뒤에 오게 됩니다.

한편 수업 시간을 묻는 문장 "Wann hast du denn Unterricht?"에서는 동사 haben이 주어인 du와 일치하기 위해 hast로 쓰이고 있는 것을 볼 수 있습니다. 다음으로 문장 "Weißt du,..."에서는, 뒤에 나오는 사실을 알고 있는지를 묻기 위해 wissen 동사를 사용하였고 주어인 du와 일치시키기 위해 weißt의 형태를 쓰고 있습니다.

"Ich weiß das nicht."라는 문장은 일상에서 아주 많이 쓰고 또 듣게 되는 문장입니다. 주어 ich에 일치시키기 위해 wissen동사가 weiß의 형태로 쓰인 것을 잘 보아 두시기 바랍니다. 스벤은 또 날이 점점 추워지고 있다는 말을 "es wird langsam kalt."라 표현하고 있는데, 이때 wird는 werden 동사가 주어인 es와 일치하기 위해 3인칭 단수의 변화형태를 취한 것입니다. 비인칭주어 es는 영어의 it과 마찬가지로 날씨나 상황, 시간과 온도 등을 표현하고자 할 때 쓰는 특별한 의미 없는 대명사입니다. 수미도 그 말에 동조하며, 날이 계속 추워지고 있다는 말을 "Es wird immer kälter."라고 말하고 있습니다. 부사 immer가 형용사나 부사의 비교급과 함께 쓰이면 "점점 더", "계속해서 더"와 같은 의미로 해석하면 됩니다.

지금까지 haben, werden, wissen 동사의 의미와 현재인칭변화를 공부했습니다. 이 동사들은 영어에 비슷한 동사들이 있기 때문에 의미가 엄청나게 까다로운 것은 아니지만 현재인칭변화가 독특해서 다른 어떤 동사와도 다른 독자적인 노선을 걷는 지조 있는 아이들입니다. 본문에서 사용된 문장을 반복해서 읽어보고 연습문제도 풀어보시고 또 동영상에서 설명하는 대로 말하기 연습을 해보시면서 철저하게 익히시기를 바랍니다.

연 습 문 제

가. 다음 문장에 haben 동사의 알맞은 형태를 써 넣으세요.

1. Heute _____ ich viel Zeit.
   오늘 나는 시간이 많다.
2. Sie _____ einen Bruder.
   그들은 남동생을 하나 가지고 있다.
3. _____ ihr eine Schwester?
   너희들은 여동생이 한 명 있니?
4. Sie _____ kein Geld.
   그녀는 돈이 없다. (돈을 가지고 있지 않다)
5. Er _____ montags Unterrichte.
   그는 월요일에 수업들이 있다.

나. 다음 문장에 wissen 동사의 알맞은 형태를 써 넣으세요.

1.	_____ Sie das? Ab 17 sind Sie frei.
	당신 그거 아세요? 5시부터는 마음대로 하시면 됩니다.
2.	Er _____ ihre Nummer.
	그는 그녀의 번호를 알고 있습니다.
3.	Wer _____?
	누가 알겠어요?(아무도 모릅니다.)
4.	_____ ihr ihn?
	너희들 그를 알고 있니?(그라는 사람에 대해 잘 아니?)
5.	Ich _____ nicht, wer sie liebt.
	나는 누가 그녀를 사랑하는지를 모릅니다.

Lektion **10.** haben 동사를 비롯한 대단한 동사들

다. 다음 문장에 werden 동사의 알맞은 형태를 써 넣으세요.

1.	Sie _____ Lehrerin.
	그녀는 선생님이 됩니다.
2.	Er _____ Arzt.
	그는 의사가 됩니다.
3.	Sein Gesicht _____ rot.
	그의 얼굴이 빨개집니다.
4.	Deine Hände _____ immer größer.
	네 손(들)은 점점 커지는 구나.
5.	Sie _____ größer.
	당신은 커지시는군요.

라. 다음 문장에 haben, wissen, werden 동사의 알맞은 형태를 써 넣어 의미있는 대화가 되도록 하세요.

1.	A:	Sumi, _____ du heute Zeit?
2.	B:	Heute? Na ja, Am Nachmittag _____ ich Zeit.
3.	A:	Gut! Anja hat uns eingeladen.
4.	B:	Was _____ Anja denn?
5.	A:	Sie _____ heute Geburtstag.
6.	B:	Oh, wie alt _____ Anja?
7.	A:	Das _____ ich nicht.
8.	B:	Vielleicht _____ sie dreißig.
9.	A:	Also, kommst du mit?
10.	B:	Na klar!
1.	A:	수미야, 너 오늘 시간 있어?
2.	B:	오늘, 보자, 오후에는 시간 있어.
3.	A:	잘됐다! 아냐가 우리를 초대했거든.
4.	B:	아냐가 무슨 일 있어?
5.	A:	걔 오늘 생일이잖아.(그녀는 오늘 생일을 맞았어)
6.	B:	오, 아냐가 몇 살이 되는 거지?
7.	A:	그건 난 모르지.
8.	B:	아마 그녀는 서른살이 될 거야.
9.	A:	그래서, 너 같이 갈래?
10.	B:	그래 좋아!

딱! 한달 공부하는 쉬운 독일어

Lektion 11. 다양한 동사를 이용한 말하기

지금까지 정해진 상황에서 일정한 의사표현을 할 수 있는 표현을 중심으로 공부했습니다. 이번 강에서는 이미 공부한 어휘와 어법을 이용해서, 함께 공부하지 않은 문장도 만들어 볼 수 있도록 하는 연습을 해보려 합니다. 지금까지와는 공부 방식이 조금 다르겠지만, 초초급 독일어를 졸업하는 마지막 과인 만큼, 혼자서도 문장을 만들고 필요한 간단한 의사표현을 할 수 있도록 공부해 보겠습니다.

앞에서 독일어의 인칭대명사와 의문사, 동사의 현재인칭변화, 명령문 등을 이미 공부했습니다. 이번 강에서는 좀 더 많은 어휘를 공부하고 그 어휘들을 이용해서, 일상에서 사용하는 다양한 문장을 만들어 보는 것을 연습해 보겠습니다. 먼저 일상에서 자주 사용하는 동사들을 보겠습니다.

sprechen	쉬프레헨	말하다
sehen	제엔	보다
nehmen	네멘	취하다, 잡다
gehen	게엔	가다
haben	하벤	가지고 있다
fahren	파렌	(타고) 가다
essen	에쎈	먹다
schlafen	쉴라펜	자다
heißen	하이쎈	~라고 불리다
kommen	콤멘	오다
studieren	쉬투디어렌	연구하다
lernen	레르넨	공부하다
hören	회렌	듣다

이 동사들을 이용하면 다양한 문장들을 만들 수 있습니다. 다만 새로운 단어들을 자유자재로 이용하려면 좀 더 공부해야 할 내용이 있습니다. 독일어의 동사는 인칭에 따라 좀 수상하게 변할 때가 있기 때문입니다.

❊ ❊ ❊ 동사 ❊ ❊ ❊

독일어의 동사는 크게 불규칙과 규칙, 두 가지 유형으로 나눌 수 있습니다. 이 때 규칙, 불규칙의 구분은 영어의 경우와 같다고 보시면 됩니다. 영어에서도 동사의 현재-과거-과거분사 형태를 규칙, 불규칙으로 나누어서 불규칙의 경우엔 어쩔 도리 없이 외웠던 기억이 있으실 것입니다. 독일어의 경우에도 거의 같습니다. 그런데 지금은 이 동사들의 불규칙형태를 외우는 것이 중요한 것이 아니라 그냥 이 동사들이 불규칙동사라는 사실만 알고 있으면 됩니다. 우리 수준에서 실제로 사용하는 불규칙 동사의 수는 한정되어 있고, 우리가 과거형이나 완료형을 쓸 실력은 안되기 때문에 어차피 별로 도움이 되지 않기 때문입니다.

위의 동사들 중 마지막 세 개의 동사, studieren, lernen, hören만 규칙동사이고 나머지는 다 불규칙 동사입니다. 이 불규칙 동사의 어간에 모음 a나 e가 있으면(fahren, sprechen, sehen 등), 이 모음들은 단수 2인칭과 3인칭, 즉 du와 er, sie, es가 주어일 때, 다음과 같이 변화를 하게 됩니다.

    a ⇒ ä
    e ⇒ ie (e가 장모음일 때)
       ⇒ i (e가 단모음일 때)

이것이 대체 무슨 해괴한 소리인지 예를 들어 살펴 보겠습니다.

Er fährt nach Deutschland.	에어 페어트 나흐 도이치란트
그는 독일로 간다.	
Sie fährt mit dem Bus.	지 페어트 미트 뎀 부스
그녀는 버스를 타고 간다.	
Der Mann isst einen Apfel.	데어 만 이쓰트 아이넨 압펠
그 남자는 사과를 먹는다.	
Schläfst du noch nicht?	쉴레프스트 두 노흐 니히트
너 아직 안자니?	
Sie sieht das Haus.	지 지트 다스 하우스
그녀는 그 집을 보고 있다.	

위의 예문들에는 어간모음이 변화한 부분을 밑줄을 그어 표시했습니다. 동사 fahren은 3인칭 주어 er, sie와 함께 쓰일 때 fährt가 됩니다. 만일 2인칭 단수 du와 함께 쓰이면 fährst가 됩니다.

du	fährst
er	fährt

동사 schlafen은 단수 2인칭인 du와 함께 쓰일 때 schläfst로 쓰였습니다. 3인칭 단수인 er, sie, es와 함께 쓰이면 schläft가 됩니다.

du	schläfst
er	schläft

Lektion **11.** 다양한 동사를 이용한 말하기

동사 essen은 3인칭과 함께 쓰일 때 isst가 되는 것을 볼 수 있습니다. 그런데 이 동사의 경우에는 단수 2인칭에서 원래 붙어야 하는 -st 대신 그냥 -t만 붙어 있어서 3인칭 단수와 결과적으로 같은 형태가 됩니다. 그것은 essen 동사처럼 어간이 -s나 -ss, -ß로 끝나는 동사들에서 볼 수 있는 공통적인 특성입니다. 어차피 어간이 s로 끝나기 때문에 그 뒤에 또 -st가 붙으면 과하기 때문입니다. 외국인의 입장에서는 예외의 예외처럼 보여 더 어려워 보입니다.

du	isst
er	isst

마지막으로 sehen동사는 어간모임 e가 장모음이기 때문에 단수 2인칭과 3인칭에서 모음e가 ie로 변화하게 됩니다. 예문에서는 Sie sieht~ 가 되었습니다.

du	siehst
er	sieht

간단한 연습에서 보셨듯이, 독일어의 현재인칭 동사변화는 영어에 비해 상대적으로 조금 까다롭습니다. 수와 성에 따라 어미변화를 하는 것도 모자라서 일부 동사들은 어간모음까지 변화를 시켜야 한다는 것이 상당히 부담스러운 일입니다. 처음에는 많이 어렵게 느껴질 수 있지만, 연습하고 말해보고 하는 과정에서 자연스럽게 익힐 수 있으니 차근차근 연습해 보시기 바랍니다. 이 부분은 중요한 부분이라 동영상에서도 자세하게 설명해 드리고 있으니 반복해서 보시면 도움이 되실 겁니다. 또 연습문제에서도 이 동사들을 연습하실 수 있습니다.

❈❈❈명사❈❈❈

이 동사들을 이용해서 좀 더 다양한 문장을 만들기 위해서는 좀 더 많은 명사를 이용해야 합니다. 본문에서 나왔던 명사들 중 앞에서 정리한 음식 종류를 제외한 명사를 정리해 보겠습니다.

das Buch	부흐	책
die Milch	밀히	우유
das Kind	킨트	아이
die Frau	프라우	여성, 부인
der Freund	프로인트	(남자)친구

der Hund	훈트	개
die Studentin	쉬투덴틴	여자 대학생
die Wohnung	보눙	집
der Herr	헤어	남자, Mr.
die Uhr	우어	시계
der Student	쉬투덴트	(남)대학생
die Katze	캇체	고양이
das Haus	하우스	집
die Toilette	토알레테	화장실
der Bus	부스	버스
der Taxi	탁시	택시

앞서 설명한 것처럼, 명사는 성과 함께 암기해야 합니다. 성을 알고 있어야 문장 안에서 명사를 쓸 때에 정확한 관사와 함께 쓸 수 있기 때문입니다. 이제 지금까지 공부한 다양한 동사와 명사를 이용해서 좀 더 많은 문장을 만들어 보도록 하겠습니다.

Ich liebe die Frau. 이히 리베 디 프라우
나는 그 여자를 사랑합니다.
Er liebt die Frau. 에어 립트 디 프라우
그는 그 여자를 사랑합니다.
Er isst eine Banane. 에어 이쓰트 아이네 바나네
그는 바나나를 먹고 있습니다.
Der Student sieht die Katze. 데어 쉬투텐트 지트 디 캇체
그 대학생은 그 고양이를 보고 있습니다.
Ich sehe die Toilette. 이히 제에 디 토알레트
나는 화장실을 보고 있어요.
Sie fahren mit dem Taxi. 지 파렌 밑 뎀 탁시
그들은 택시를 타고 갑니다.
Fährst du mit dem Bus nach München? 패어스트 두 밑 뎀 부스 나흐 뮌헨
너는 버스를 타고 뮌헨으로 가니?
Ich hätte gern einen Apfel. 이히 해테 게른 아이넨 압펠
저는 사과를 하나 샀으면 해요.

Lektion **11.** 다양한 동사를 이용한 말하기

지금까지 공부한 문법과 어휘들을 사용하면 이렇게 다양한 문장들을 만들 수 있습니다. 어간 모음이 변화하는 불규칙 동사는 밑줄을 그어 표시했습니다. 좀 더 주의해서 보시고 잘 익히시기를 바랍니다. 물론 아직은 ~하고 싶어요. ~해야 해요 등 조동사를 사용해야 하는 문장이나, 과거에 있었던 일을 표현하는 문장은 만들기 어렵습니다. 하지만 독일어 모국어 화자들은 독일어 초보인 우리의 수준과, 이야기를 하고 있는 맥락을 배경으로, 우리가 정말로 하고 싶었던 말들을 충분히 유추해 낼 수 있습니다. 부족한 표현과 단어들이 있기는 하겠지만 사전과 번역기의 도움을 받는다면, 원하는 표현을 훨씬 더 세련되게 만들어내실 수 있을 것입니다.

❈ ❈ ❈ 조동사 ❈ ❈ ❈

영어와 마찬가지로 독일어에서도 조동사를 사용하면 지금까지와는 차원이 다른 부드럽고 자연스러운 표현을 할 수 있게 됩니다. 그런데 마지막 과에서야 조동사를, 그것도 아주 살짝 다루는 것은 그 동사 변화가 만만치 않기 때문입니다. 어렵죠. 동영상에서도 좀 더 설명해 드리겠지만, 자연스러운 독일어를 좀 더 공부하고 싶으시면 관련된 문법책을 찾아보고 공부하시면 좋겠습니다.

이제 독일어의 조동사를 영어와 비교해서 의미를 보겠습니다. 영어의 조동사를 써 놓은 것은 공부하시는 데에 좀 더 도움이 되게끔 써 놓은 것이고, 절대로 일대일 대응하지 않는다는 것에 주의해 주세요. 가장 대표적인 의미나 쓰임을 대략적으로 파악하시는 선에서 그치고, 영어의 조동사와 독일어의 조동사의 쓰임이 같다고 생각하시면 안됩니다.

딱! 한달 공부하는 **쉬운 독일어**

dürfen	뒤르펜	~ 해도 된다(허용)	may
können	쾬넨	~ 할 수 있다	can
wollen	볼렌	~할 것이다, 원한다	will, want to
möchten	뫼히텐	~ 하고 싶다	would like to
müssen	뮈쎈	~ 해야 한다(의무)	must
sollen	졸렌	~ 해야 한다(당위)	shall, should

이 동사들은 독일어에서 화법조동사라 하여, 부정형(원형)인 동사와 함께 사용되는 조동사입니다. 그런데 이들은 영어와는 좀 다르게 행동합니다. 보통 동사를 쓰게 되는 주어 다음 자리, 즉 두 번째 자리에 화법조동사를 쓰고 나면, 원래 그 자리에 쓰이는 걸 좋아했던 일반동사는 문장의 맨 뒤로 물러나게 됩니다. 쿨하게 두 번째 자리를 물려주고 맨 뒤로 가는 것이죠. 그리고 일단 화법조동사에게 두 번째 자리를 양보하고 나서 맨 뒤로 간 동사는 부정형(원형)으로 쓰이게 됩니다. 더 이상 인칭에 따른 변화를 하지 않습니다. 그 역할은 두 번째 자리에 쓰인 조동사에게, 자리와 함께 물려주게 됩니다. 조동사가 문장의 두 번째 위치에서 정동사 역할을 하게 되는 것입니다. 예를 들어 "우리는 그 버스를 볼 수 있다"라는 문장은 다음과 같이 만들 수 있습니다.

Wir können den Bus sehen.

"우리는 그 버스를 타야 한다"는 문장은 다음과 같이 만들 수 있습니다.

Wir müssen den Bus nehmen.

화법조동사는 이처럼 원래 있던 동사를 문장의 뒤로 밀어내는 어순을 만들 뿐 아니라 독특한 현재인칭변화를 하기 때문에 더욱 까다롭게 느껴집니다. 이 동사들의 현재인칭변화는 다음과 같습니다.

	dürfen	können	wollen	möchten	müssen	sollen
ich	**darf**	**kann**	**will**	**möchte**	**muss**	**soll**
du	darfst	kannst	willst	möchtest	musst	sollst
er/sie/es	darf	kann	will	möchte	muss	soll
wir	dürfen	können	wollen	möchten	müssen	sollen
ihr	dürft	könnt	wollt	möchtet	müsst	sollt
sie	dürfen	können	wollen	möchten	müssen	sollen
Sie	dürfen	können	wollen	möchten	müssen	sollen

이 동사변화표를 보면, 앞에서 공부한 독일어 현재인칭 변화와는 또 다르기 때문에, 독일어 왜 이러나 싶고 딱! 싫어지실 수도 있습니다. 그런데 잘 살펴보면, 이 변화 중에서 복수형의 변화는 앞서 공부한 동사 현재인칭 변화와 다르지 않습니다. 단수에서 조금 이상하게 변하는 것입니다. 특히 단수 1인칭과 3인칭에서는 형태가 똑같습니다. 2인칭은 1인칭에 -st만 붙인 것입니다. (다만 musst의 경우에는 muss에 -st를 또 붙일 수 없기때문에 이미 설명한대로 이 경우에는 -st 대신 -t만 쓴 것입니다.) 그래서 우리가 화법조동사에서 공부해야 할 것은 오직 1인칭의 형태 뿐입니다. 예를 들어 ich kann 이것만 외워 두시면, du는 kannst, er는 kann, 그리고 복수는 현

Lektion **11.** 다양한 동사를 이용한 말하기

재인칭 변화를 그대로 따라서 변화시켜 주면 되는 것입니다. 그러면 이제 화법 조동사를 사용해서 지금까지 배운 동사와 명사, 그리고 여러 표현을 이용해서 문장을 만들어 보는 연습을 하겠습니다.

저는 화장실에 가고 싶습니다.
⇨ Ich <u>möchte</u> auf die Toilette <u>gehen</u>.
제가 집에 가도 될까요?
⇨ <u>Darf</u> ich nach Haus <u>fahren</u>?
저는 그 책을 사야 해요.
⇨ Ich <u>muss</u> das Buch <u>kaufen</u>.
그는 지금 그 책을 읽기를 원한다.
⇨ Er <u>will</u> jezt das Buch <u>lesen</u>.
제가 당신을 좀 도와드려도 될까요?
⇨<u>Darf</u> ich Ihnen <u>helfen</u>?

마지막 문장에 사용된 Ihnen은 존칭 Sie의 여격입니다. 당신을 돕는다는데 왜 목적격이 아니라 여격이 사용되는지 궁금하실 수도 있는데, 독일어의 helfen동사가 이렇게 특별한 격을 필요로 하기 때문입니다. 조금 까다로운 어법이지만 자주 쓰이는 문장이니 통째로 외워두시면 언젠가는 쓸모가 있을 것입니다. 동영사에서 이 특별한 동사에 대해 좀 더 자세히 설명드릴 것이니 꼭 청취하셔서 잘 익히시기를 바랍니다.

동사의 현재 인칭 변화, 화법조동사까지 공부하셨으니, 사전의 도움을 좀 받으신다면 일상에서 필요한 웬만한 말들을 하실 수 있을 것입니다. 지금까지 공부한 독일어는 그야말로 생존형 독일어이기 때문에 독일인들은 즐겨 사용하지 않는 표현도 포함되어 있고, 복잡한 표현은 아직 할 수 없습니다. 예컨대 과거에 있었던 일을 표현할 수도 없고 접속사를 사용한 문장도 쓸 수 없습니다. 하지만 제가 유학할 때에도 몹시 부족한 독일어로 더듬더듬 말해도, 지극히 문어체적인 표현을 써도 원어민들은 아주 잘 알아들어 주었습니다. 우선은 가장 필요한 표현을 하기 위해 입을 떼는 것이 중요하고, 그러다 보면 어떤 문법이나 표현이 내게 필요하다는 것을 알게 되어 자연스럽게 더 공부하게 됩니다. 그런 상황이 오기 전까지 살아남기 위한 독일어를 가르쳐드리는 것에 이 책을 쓴 목적이 있습니다. 좀 더 공부하고 싶은 분들은 좀 더 수준 높은 독일어 회화 책이나 문법책을 참고하셔서 훌륭한 독일어를 쓰실 수 있게 되기를 바랍니다.

연습문제

가. 다음 빈 칸에 들어갈 동사의 알맞은 형태를 쓰세요.

1. Er _____ nach Hamburg. (fahren)
2. _____ ihr heute nach Suwon? (fahren), (heute 오늘)
3. _____ du die Katze da? (sehen da 저기에, 저쪽에)
4. Sie _____ den Apfel. (essen, sie는 그녀의 의미)
5. Ich _____ gern drei Bananen. (haben, 샀으면 하는데요의 의미로)
6. _____ ich Ihnen helfen? (können)
7. Ich möchte mit dem Taxi _____ (fahren)
8. Ihr _____ jetzt nach Haus gehen. (dürfen)
9. Er _____ jetzt nach Suwon. (fahren)
10. _____ du den Hund? (sehen)

나. 다음 대답이 나올 수 있는 질문을 쓰세요.

1. A: _____
   B: Es ist dreizehn Uhr zwanzig.
2. A: _____
   B: Der Mann isst einen Apfel.
3. A: _____ (wen 누구를)
   B: Ich liebe Daniel.
4. A: _____
   B: Ich sehe ein Haus.
5. A: _____
   B: Ich komme aus Japan.

다. 다음 빈 칸에 적절한 화법 조동사를 써 넣으세요. 동사의 형태를 인칭에 맞게 변화시키는 것에 주의하세요.

1. Wir _____ noch nicht nach Haus gehen.
   우리는 아직 집에 갈 수 없어요. (허락되지 않았어요)
2. Das Kind _____ das Buch lesen.
   그 아이는 그 책을 읽을 수 있다.
3. Wann _____ ihr kommen?
   너희들은 언제 왔으면 좋겠니? (would like to)

Lektion **11.** 다양한 동사를 이용한 말하기

4. Ich _____ das nicht machen.
   나는 그것을 하고 싶지 않아요. (want to)
5. _____ Sie mit dem Bus fahren?
   (당신은 버스를 타고 가고 싶으세요?)

라. 다음 문장을 독일어로 써 보세요.

1. 그는 아직 안 자고 있니?
_____
2. 우리는 그 빌딩을 보고 있어. (das Gebäude)
_____
3. 그녀는 누구를 보고 있는 거니? (누구를 wen)
_____
4. 그들은 오늘 베를린으로 기차를 타고 간다.
_____
5. 너희들은 뭘 먹고 있니?
_____
6. 너 그 고양이를 볼 수 있니?
_____
7. 내가 (너를) 좀 도와줄까?
_____
8. 우리는 그를 사랑해야 한다.
_____
9. 그는 집으로 가야만 해.
_____
10. 너희들은 집에 머물러 있어도 좋다.
_____
11. 너 나 좀 도와줄 수 있겠니?
_____
12. 너희들은 자도 좋다.
_____
13. 우리는 그 빵을 먹어야 한다. (das Brot 빵)
_____
14. 우리는 오늘 서울로 가고 싶다.
_____
15. 그녀는 독일어를 말할 수 있다.
_____

초급자가 알아야 할 독일어 문장 100
(초초급 100 문장)

1.	Guten Morgen!eh	안녕하세요?(아침인사)
2.	Guten Tag!	안녕하세요?(낮인사)
3.	Guten Abend!	안녕하세요?(저녁인사)
4.	Gute Nacht!	잘자/잘자요
5.	Hallo!	안녕!
6.	Auf Wiedersehen!	안녕히 가세요(예의지키는 사이)
7.	Tschüs!	잘 가(편한 사이)
8.	Danke schön!	감사합니다
9.	Bitte schön!	뭘요/여기 있습니다
10.	Entschuldigen Sie bitte!	실례합니다/죄송합니다
11.	Entschuldigung!	죄송합니다/미안합니다
12.	Macht nichts.	괜찮아요
13.	Nichts passiert.	괜찮습니다/아무렇지도 않아요
14.	Wie komme ich zum Bahnhof?	기차역에 가려면 어떻게 가나요?
15.	Ich bin fremd hier.	저는 여기 사람이 아닙니다
16.	Woher kommen Sie?	당신은 어디에서 오셨나요?
17.	Ich komme aus Südkorea.	저는 대한민국에서 왔어요
18.	Wo wohnen Sie?	당신은 어디에 사십니까?
19.	Ich wohne in München.	저는 뮌헨에 살고 있습니다.
20.	Wie heißen Sie?	당신은 어떻게 불리십니까?
21.	Ich heiße Anna.	나는 안나라고 불립니다.
22.	Wo ist die Toilette?	화장실은 어디에 있나요?
23.	Die Toilette ist da.	화장실 저기 있어요.
24.	Wohin gehen Sie?	당신은 어디로 가십니까?
25.	Ich gehe nach Haus.	나는 집에 갑니다.
26.	Ich kann es nicht tun.	나는 그걸 할 수가 없어요.
27.	Ich kann es tun.	나는 그걸 할 수 있습니다.
28.	Verstehen Sie?	이해하십니까?
29.	Ich verstehe.	이해했어요/이해해요
30.	Ich verstehe es nicht.	이해못하겠어요/모르겠어요
31.	Ich kann es verstehen.	나는 그것을 이해할 수 있습니다

Lektion **11.** 다양한 동사를 이용한 말하기

32.	Ich bin mir sicher.	나는 확신합니다.
33.	Wie ist das Wetter?	날씨가 어떤가요?
34.	Es schneit.	눈이 와요.
35.	Es regnet.	비가 와요.
36.	Die Post ist weit von hier.	우체국은 여기서 멀어요.
37.	Wie geht es Ihnen?	당신은 어떻게 지내십니까?
38.	Wie geht es dir?	너는 어떻게 지내니?
39.	Es geht mir gut, danke! Und Ihnen?	저는 잘지냅니다, 감사해요. 당신은요?
40.	Es geht mir gut, danke! Und dir?	나는 잘 지내, 고마워. 너는?
41.	Alles klar!	괜찮아요/잘 알았어요.
42.	Alles klar?	괜찮아요?/잘 아시겠어요?
43.	Nicht schlecht.	나쁘지 않아요/괜찮은 편이에요
44.	Das schmeckt gut.	맛이 좋군요.
45.	Das ist lecker.	맛있어요.
46.	Bis später.	다음에 봐요.
47.	Ich bin wieder da.	저 다시 왔어요.
48.	Ich habe viel zu tun.	나는 할 일이 많아요/바쁩니다
49.	Freut mich!	만나서 반갑습니다.
50.	Bis bald.	곧 또 봐요.
51.	Bis morgen.	내일 봐요.
52.	Machs gut!	조심해/잘해
53.	Vielleicht.	아마도.
54.	Wie spät ist es bitte?	몇시쯤 됐을까요?
55.	Es tut mir leid.	죄송합니다.
56.	Kein Problem.	아무 문제없어요/괜찮아요
57.	Sprechen Sie Deutsch?	독일어를 하시나요?
58.	Ja, ein bißchen.	네, 조금요.
59.	Nur ein bißchen.	조금 밖에 못합니다.
60.	Nein, leider nicht.	아뇨, 유감스럽지만 못해요.
61.	Nein, ich spreche kein Deutsch.	아니요, 저는 독일어를 못해요.
62.	Ich weiß nicht.	나는 몰라요.
63.	Wie bitte?	다시 한 번 말씀해 주시겠어요?
64.	Was ist das hier?	여기 이것은 무엇인가요?
65.	Wo bist du?	너 어디있니?
66.	Ich bin zu Hause.	나는 집에 있어.

67.	Ich bin Student.	나는 대학생입니다.
68.	Ich bin Studentin.	나는 여자 대학생입니다.
69.	Können Sie mir helfen?	당신은 나를 도와줄 수 있습니까?
70.	Ja, gerne.	네, 기꺼이요.
71.	Ja, natürlich.	네, 물론이죠.
72.	Kann ich Ihnen helfen?	제가 당신은 도와드릴 수 있을까요?
73.	Einen Augenblick, bitte!	잠깐만요!
74.	Wie viel kostet das?	이건 얼마인가요?
75.	Das kostet 5 Euro.	그건 5유로에요.
76.	Wie heißt du?	너는 어떻게 불리니?
77.	Mein Name ist Jin.	내 이름은 진이야.
78.	Wo wohnen Sie?	당신은 어디 사세요?
79.	Wo wohnst du?	너는 어디에 살고 있니?
80.	Wo finde ich das Rathaus?	시청은 어디에 있나요?
81.	Schon spät.	이미 늦었어요.
82.	Ich bin 27.	나는 27세입니다.
83.	Wie ist Ihre Nummer?	당신의 (전화)번호는 어떻게 되세요?
84.	Meine Nummer ist 1234 5678	제 (전화)번호는 1234 5678입니다.
85.	Viel Glück!	행운을 빌어요!
86.	Gut gemacht!	잘 하셨어요/잘 했어.
87.	Gute Erholung!	쾌유를 바랍니다/빨리 나으세요
88.	Frohe Weihnachten!	즐거운 성탄절이 되길 바래요!
89.	Gute Reise!	여행 잘 하세요!/좋은 여행 되시길!
90.	Herzlichen Glückwunsch!	진심으로 축하해요.
91.	Prost!	건배!
92.	Gesundheit!	건강 조심하세요!(상대가 재채기 할 때)
93.	Guten Erfolg!	성공을 빌어요!
94.	Guten Appetit!	맛있게 드세요!
95.	Ich mag das.	나 그거 좋아요.
96.	Ich muss jetzt gehen.	저는 이제 가야 해요.
97.	Ich lerne Deutsch.	나는 독일어를 배웁니다.
98.	Ich brauche Hilfe.	나는 도움이 필요해요.
99.	Wissen Sie?	아세요?/알고 계세요?
100.	Ich bin hungrig.	나는 배가 고픕니다.

Lektion 11. 다양한 동사를 이용한 말하기

초급 독일어 100문장
(일반 동사와 sein 동사를 이용한 일상 표현)

1.	Können Sie bitte langsamer sprechen? 더 천천히 말씀해주실 수 있을까요?
2.	Wie sagt man das auf Deutsch? 그거는 독일어로 어떻게 되나요?
3.	Ich bin auf der Arbeit. 나는 일하는 중이에요.
4.	Was machen Sie beruflich? 당신은 (직업적으로) 무슨 일을 하시나요?
5.	Ich bin Lehrerin von Beruf. 나는 직업이 교사입니다.
6.	Was möchten Sie lernen? 무엇을 배우고(공부하고) 싶으세요?
7.	Ich möchte Deutsch lernen. 나는 독일어를 배우고 싶어요.
8.	Würden Sie mir bitte helfen? 저를 좀 도와주시겠어요?
9.	Ich habe mich verlaufen. 길을 잃었어요.
10.	Ich habe eine große Familie. 우리 가족은 대가족이에요.
11.	Ich mag das Buch nicht. 나는 그 책을 좋아하지 않습니다.
12.	Sie fährt mit dem Bus zum Marktplatz. 그녀는 버스를 타고 시장광장으로 갑니다.
13.	Ich suche nach dem Schlüssel. 나는 열쇠를 찾고 있습니다.
14.	Ich gehe die Treppe hoch. 나는 계단을 올라갑니다.
15.	Ich gehe die Treppe runter. 나는 계단을 내려갑니다.
16.	Sie fährt mit dem Fahrrad. 그녀는 자전거를 타고 간다.
17.	Er putzt die Toielette. 그는 화장실을 청소한다.
18.	Ich halte die Tasse. 나는 잔을 쥐고 있다.
19.	Ich wasche mir die Hände. 나는 손을 씻는다.

20.	Ich kaufe 1 Kg Kartoffeln.	
	나는 1Kg의 감자를 산다.	
21.	Sie trinkt eine Tasse Kaffee.	
	그녀는 커피 한 잔을 마신다.	
22.	Ich nehme eine Flasche Orangensaft.	
	나는 오렌지 주스 한 잔을 마신다.	
23.	Er isst ein Stück Kuchen.	
	그는 케익 한 조각을 먹는다.	
24.	Sie holt eine Packung Milch.	
	그녀는 우유 한 팩을 가져간다.	
25.	Meine Mutter schläft jetzt.	
	우리 어머니는 지금 주무신다.	
26.	Heute habe ich einen Termin beim Zahnarzt.	
	오늘 나는 치과에 예약이 있다.	
27.	Haben Sie einen Termin beim Frisör?	
	미용실에 예약을 하셨나요?	
28.	Ihre Harre sind lang.	
	당신의(그들의) 머리는 길군요.	
29.	Vereinbaren Sie einen neuen Termin.	
	새로(다음) 예약을 잡으시죠.	
30.	Sie stellt die Bücher in das Regal.	
	그녀는 선반에 책을 세운다.	
31.	Er bringt das Glas in die Küche.	
	그는 부엌으로 유리컵을 가져간다.	
32.	Wir bringen die Teller in die Küche.	
	우리는 접시들을 부엌으로 가져간다.	
33.	Werfen Sie die schmutzige Tüte in den Müll.	
	그 지저분한 봉지를 쓰레기통에 넣으세요.	
34.	Auf dem Bett ist ein Buch.	
	침대 위에 책이 한 권 있다.	
35.	Die Vase ist auf dem Tisch.	
	그 꽃병은 테이블 위에 있다.	
36.	Trinken Sie einen Kaffee?	
	커피 한 잔 드시겠어요?	
37.	Sie arbeiten am Computer.	
	그들은(당신은) 컴퓨터로 일하고 있다.	
38.	Die Arbeit ist langweilig.	
	그 일은 지루하다.	
39.	Wir machen um zwölf Uhr eine Pause.	
	우리는 12시에 휴식을 한다.	
40.	In der Pause trinken wir einen Kaffee.	
	휴식시간에 우리는 커피를 한 잔 마신다.	
41.	Gehen Sie in den Supermarkt?	
	당신은 마트에 가시나요?	

Lektion 11. 다양한 동사를 이용한 말하기

42.	Grillt ihr im Garten? 너희들은 정원에서 그릴을 할 거니?
43.	Bezahlen Sie an der Kasse. 계산대에서 지불해 주세요.
44.	Wir warten auf dem Taxi. 우리는 택시를 기다리고 있다.
45.	Ich habe noch keinen Hunger. 나는 아직 배가 안 고프다.
46.	Sie spielen mit den Kind. 그들은(당신은) 그 아이와 함께 논다.
47.	Kaufen Sie eine Fahrkarte. 차표를 하나 구매하세요.
48.	Er fährt immer mit der U-Bahn. 그는 항상 지하철로 다닌다.
49.	Sie hat nicht viel Geld. 그녀는 많은 돈을 갖고 있지 않다.
50.	Sie kauft nicht gern ein. 그녀는 쇼핑하는 것을 좋아하지 않는다.
51.	Ich spreche kein Französisch. 나는 프랑스어를 못한다.
52.	Fahren Sie zur Universität? 대학교로 가시는 길입니까?
53.	Ich komme nicht aus China. 나는 중국 출신이 아닙니다
54.	Er hat keine Freundin. 그는 여친이 없습니다.
55.	Geben Sie mir eine Scheibe Brot. 제게 빵 (슬라이스) 한 장 주세요.
56.	Nehmen Sie ein warmes Bad. 따뜻한 물에서 목욕 하세요.
57.	Holen Sie ein Fass Bier! 맥주 한 통 가져오세요!
58.	Er schenkt mir eine Schachtel Pralinen. 그는 나에게 초콜릿 한 장자를 선물해준다.
59.	Trinken Sie viel Tee. 차를 많이 드세요.
60.	Er liegt immer noch im Bett. 그는 아직도 여전히 침대에 있다.
61.	Er hustet viel. 그는 기침을 많이 한다.
62.	Es geht ihm nicht so gut. 그는 그렇게 잘 지내지 못한다.
63.	Trinken Sie Kaffee, oder Tee? 커피를 드시겠어요, 아니면 차를?

64.	Wie trinken Sie Ihren Kaffee? 커피를 어떻게 드시나요?
65.	In der Apotheke kaufe ich Aspirin. 약국에서 나는 아스피린을 산다.
66.	Sie ist jetzt sehr müde und geht ins Bett. 그녀는 지금 매우 피곤해서 자러 간다.
67.	Ich trinke keinen Kaffee. 나는 커피를 마시지 않는다.
68.	Ich habe Kopfschmerzen. 나는 머리가 아프다.
69.	Er hat Kopfschmerzen und nimmt eine Tablette. 그는 두통이 있어서 알약을 하나 먹는다.
70.	Mir ist schlecht. 나는 컨디션이 안좋다.
71.	Haben Sie Bauchschmerzen? 당신은 복통이 있습니까?
72.	Er kocht ihr einen Tee. 그는 그녀에게 차를 한 잔 끓여준다.
73.	Geht es Ihnen besser? 당신은 좀 형편이 나아지셨나요?
74.	Ich habe eine gute Idee. 나는 좋은 생각이 하나 있어.
75.	Sie gibt ihm das Eis. 그녀는 그에게 그 아이스크림을 준다
76.	Mir läuft die Nase. 내가 콧물이 난다.
77.	Ich muss meinen Nase schnauben. 나는 코를 풀어야 해.
78.	Sie brauchen viele Taschentücher. 당신은/그들은 휴지가 많이 필요해요.
79.	Essen Sie gern Nudeln? 면류를 잘 드시나요?
80.	Wir bestellen Spaghetti mit Pizza. 우리는 피자와 함께 스파게티를 주문합니다.
81.	Er kocht für seine Freundin. 그는 여자친구를 위해 요리를 한다.
82.	Sie fährt jeden Tag mit dem Taxi. 그녀는 매일 택시를 타고 다닌다.
83.	Wie groß ist deine Wohnung? 너의 집은 얼마나 크니?
84.	Es ist nicht so groß. 그것은 그렇게 크지 않다.
85.	Kannst du bald anfangen? 당장 시작할 수 있니?

Lektion 11. 다양한 동사를 이용한 말하기

86.	Ich kann heute schon anfangen. 나는 오늘이라도 시작할 수 있어.	
87.	Wie groß ist deine Mutter? 너희 어머니는 (키가) 얼마나 크시니?	
88.	Sie ist 163 Zentimeter. 그녀는 163센티이다.	
89.	Wie teuer ist dieser Tisch? 이 테이블은 얼마나 비싸니?	
90.	Er kostet viel Geld. 그것은 돈이 많이 들었어/비싸	
91.	Das kostet 100 Euro. 그것은 100유로 짜리야.	
92.	Wie viele Familienmitglieder hast du? 네 가족은 몇 명이나 되니?	
93.	Ich habe drei Familienmitglieder. 나는 가족이 세명이다.	
94.	Wie lange schläfst du? 너는 얼마나 오래 자니?	
95.	Ich schlafe jeden Tag ungefähr 8 Stunden. 나는 매일 약 8시간씩 잔다.	
96.	Wie lange ist er in Deutschland? 그는 독일에서 얼마나 있었니?	
97.	Er ist seit fünf Jahren hier in Deutschland. 그는 5년 전부터 여기 독일에 있어.	
98.	Haben Sie Brüder oder Schwestern? 당신은 형제나 자매가 있나요?	
99.	Ja, ich habe eine jüngere Schwester. 네, 나는 여동생이 하나 있습니다.	
100.	Wie ist das Wetter heute? 오늘 날씨는 어떤가요?	

딱! 한달 공부하는 **쉬운 독일어**

쉬운 독일어 단어장

Lektion 1.

der Nordpol	노르트폴	북극
der Kaufmann	카우프만	상인
die Quelle	크벨레	원천, 샘

Lektion 2.

der Abend	아벤트	저녁
der Vater	파터	아버지
der Appetit	아페티트	식욕
die Eltern	엘터른	부모
gegen	게겐	~에 반해서
der Igel	이겔	고슴도치
das Kind	킨트	아이
der Opa	오파	할아버지(아어)
der Morgen	모르겐(모아겐)	아침
gut	굳	좋은
der Zug	쭉	기차
die Mutter	무터	어머니
die Schweiz	슈바이츠	스위스
der Mai	마이	5월
Bayern	바이에른	독일 바이에른 주
das Deutschland	도이췰란트	독일
das Fräulein	프로일라인	미혼여성
das Deutsch	도이취	독일어
die Frau	프라우	여성
auf	아우프	~위에
das Mädchen	매트헨(멜헨)	소녀, 젊은 여성
schön	쇤	예쁜, 아름다운
tschüs	취스	안녕
die Chemie	혜미	화학
die Liebe	리베	사랑
das Buch	부흐	책
halb	할프	절반의
das Kind	킨트	아이
der Freund	프로인트	(남자)친구
der Tag	탁	날, 하루
der Hund	훈트	개
die Wohnung	보눙	집
ja	야	그래
der Juli	율리	7월
die Milch	밀히	우유
das Lamm	람	양
kalt	칼트	차가운, 추운
die Nacht	나흐트	밤

Lektion 11. 다양한 동사를 이용한 말하기

pink	핑크	분홍색의
der Quatsch	크봐취	헛소리, 시시한 것
der Herr	헤어(헤르)	Mr.
das	다스	이것, 이 사람
die Studentin	쉬투덴틴	여자대학생
das Wiedersehen	비더젠	다시 봄, 다시 만남
wer	베어	누구 who
die Mahlzeit	말차이트	식사시간
backen	박켄	굽다
abends	아벤츠	저녁마다
jung	융	젊은
danke	당케	고마워
der Apfel	앞펠	사과
die Philosophie	필로조피	철학
der Sport	쉬포(르)트	스포츠
der Student	쉬투덴트	남자대학생
das Thema	테마	주제
nachts	나흐츠	밤마다
die Katze	캍체	고양이
der Kitsch	키취	문화
der Fußball	푸스발	축구
richtig	리히티히	옳바른
eins	아인스	1
zwei	츠바이	2
drei	드라이	3
vier	피어	4
fünf	퓐프	5
sechs	젝스	6
sieben	지벤	7
acht	아흐트	8
neun	노인	9
zehn	첸	10
elf	엘프	11
zwölf	츠빌프	12
doch	도흐	맞아, 도대체
nach	나흐	~쪽으로
das Band	반트	밴드, 책 한 권
die Angst	앙스트	두려움
und	운트	그리고
der Mund	문트	입
das Haar	하르	머리(카락)
gehen	겐	가다
daher	다헤어	그래서, 그때문에
die Sonne	존네	태양
der Kuss	쿠스	키스
der König	쾨니히	왕
der Igel	이겔	고슴도치
heißen	하이쎈	~라 불리다
das Klavier	클라비어	피아노
das Volk	폴크	대중, 민중
der Vetter	페터	사촌
das Obst	옵스트	과일
der Onkel	옹켈	아저씨

Lektion 3.

grüßen	그뤼쎈	(안부)인사하다.
Gott	곹	신
dich	디히	너를
euch	오이히	너희들을
der Schüler	쉴러	(대학생 외의) 학생
dort	도르트	거기에, 거기에서
der Wolf	볼프	늑대
der Fuß	푸쓰	발
die Bedingung	베딩궁	조건
der Gruß	그루쓰	인사
der Rauch	라우흐	연기
hoch	호흐	높은
der Dolch	돌히	단검
das Ende	엔데	끝
trotzdem	트로츠뎀	그럼에도 불구하고
nah	나	가까운
das Foto	포토	사진
die Philosophie	필로조피	철학
das Pferd	페르트	말
das Telefon	텔레폰	전화

Lektion 4.

der Name	나메	이름
wie	비이	어떻게
mein	마인	나의
Ihr	이어	당신의
Koreaner	코레아너	한국인(들)
Deutsche	도이췌	독일인들
Kinder	킨더	아이들
groß	그로쓰	커다란, 위대한
fragen	프라겐	묻다
der Draht	드라트	철사
die Liebe	리베	사랑
das Eisen	아이젠	철
das Brot	브로트	빵
der Bruder	브루더	남자형제
der Februar	페브루아(르)	2월
echt	에히트	진짜의, 사실의
brauchen	브라우헨	필요로하다
das Geld	겔트	돈
die Tafel	타펠	칠판, 판
die Dame	다메	부인(높여 부르는 말)
morgens	모르겐스	아침마다, 아침에
sehen	제엔	보다
die Stadt	쉬타트	도시
der Fuß	푸쓰	발

Lektion 11. 다양한 동사를 이용한 말하기

Lektion 5.

woher	보헤어	어디로부터, 어디에서
kommen	콤멘	오다
aus	아우스	~로부터
das Südkorea	쥐트코레아	대한민국
wo	보	어디에
wohnen	보넨	살다, 거주하다
heißen	하이쎈	이름이 ~이다
nach	나흐	~로, ~를 향해
in	인	~안에
nein	나인	아니다 (no_
gehen	게엔	가다
kaufen	카우펜	(~를) 사다
sehen	제엔	(~를) 보다
essen	에쎈	(~를) 보다
sprechen	쉬프레헨	말하다
haben	하벤	가지고 있다
lieben	리벤	(~를) 사랑하다
was	바스	무엇
wann	반	언제
warum	바룸	왜
wohin	보힌	어디로, 어디를 향해
auch	아우흐	또한, 역시
das Koreanisch	코레아니쉬	한국어
ja	야	네(yes)

Lektion 6.

Frankreich	프랑크라이히	프랑스
genau	게나우	정확한, 틀림없는
Österreich	외스터라이히	오스트리아
München	뮌헨	뮌헨

Lektion 7.

bitte	비테	부디, 제발
die Toilette	토알레테	화장실
das Badezimmer	바데침머	욕실
da	다	거기, 여기, 그때
die Verzeihung	페어차이웅	용서, 양해
machen	마헨	만들다, 하다
nichts	니히츠	nothing
entschuldigen	엔츌디겐	용서하다
die Entschuldigung	엔츌디궁	용서, 죄송
tun	툰	(행)하다
Leid	라이트	부담, 고통
kein	카인	no

die Ursache	우어자헤	원인
tausend	타우센트	천
gern	게른(게안)	기꺼이, 즐겨
Ding	딩	사물, thing
Problem	프로블렘	문제

 Lektion 8.

gern haben	게른 하벤	좋아하다
möchten	뫼히텐	~하고 싶다
kosten	코스텐	비용이 ~ 든다
hätten	해텐	가졌으면 한다
die Uhr	우어	시계
der Apfel	앞펠	사과
die Banane	바나네	바나나
die Erdbeere	에르트베레	딸기
das Gemüse	게뮈제	채소
die Kirsche	키르쉐	체리
der Knoblauch	크노블라우흐	마늘
der Lauch	라우흐	파
die Milch	밀히	우유
das Obst	옵스트	과일
die Orange	오랑쥐	오렌지
der Rettich	레티히	무
die Tomate	토마테	토마토
die Traube	트라우베	포도
das Wasser	바써	물
die Wassermelone	바써멜로네	수박
der Wein	바인	와인
kaufen	카우펜	사다
das Buch	부흐	책
die Fahrkarte	파르카르테	차표
die Sim-Karte	심카르테	유심카드
die Turnschuhe	투른슈에	운동화(복수)
die Mütze	뮡체	모자(격식 없는)
der Schal	샤알	목도리, 스카프
das T-Shirt	티셔트	티셔츠
die Tasche	타쉐	가방, 주머니
die Sonnenbrille	존넨브릴레	선글라스
die Socken	조켄	양말(복수)
viel	피일	많은
verlangen	페어랑엔	요구하다
dafür	다퓌어	그것에 대해, 그대신
der Euro	오이로	유로
der Verkäufer	페어코이퍼	판매자, 상인
dürfen	뒤르펜	~해도 좋다 may

Lektion 9.

elf	엘프	11
zwölf	츠빌프	12
dreizehn	드라이첸	13
vierzehn	피어첸	14
fünfzehn	퓐프첸	15
sechzehn	제히첸	16
siebzehn	집첸	17
achtzehn	아흐첸	18
neunzehn	노인첸	19
zwanzig	츠반치히	20
dreißig	드라이씨히	30
vierzig	피어치히	40
fünfzig	퓐프치히	50
sechzig	제히치히	60
siebzig	집치히	70
achtzig	아흐치히	80
neunzig	노인치히	90
hundert	훈데르트	100
alt	알트	늙은, 오래된
das Jahr	야아(ㄹ)	해, 년
spät	쉬패트	늦은
jetzt	예츠트	지금
Minute	미누테	분
vormittags	포어미탁스	오전에
nachmittags	나흐미탁스	오후에
wohin	보힌	어디로
fahren	파렌	(탈 것을 타고) 가다
nehmen	네멘	잡다, 취하다
der Bus	부스	버스
der Kaffee	카페	커피
die Cola	콜라	콜라
das Kilogramm	킬로그람	Kg
das Rindfleisch	린트플라이쉬	소고기
sonst	존스트	그 외에
noch	노흐	아직도, 여전히
etwas	에트바스	뭔가
alles	알레스	모든 것

Lektion 10. das Gebäude

die Freundin	프로인딘	여자친구
der Tisch	티쉬	테이블
die Schwester	쉬베스터	자매
haben	하벤	갖고 있다
die Hand	한트	손
wissen	비센	알다
werden	베르덴	되다
der Unterricht	운터리히트	강의

딱! 한달 공부하는 **쉬운 독일어** •

beginnen	베긴넨	시작하다
die Grammatik	그라마틱	문법
zu	추	~로, to
wann	반	언제
denn	덴	도대체
immer	임머	항상
später	쉬패터	더 늦은, 나중에
noch	노흐	아직도, 여전히
trinken	트링켄	마시다
der Eiskaffee	아이스카페	아이스커피
heiß	하이쓰	뜨거운
die Schokolade	쇼콜라데	초콜릿
langsam	랑잠	천천히, 슬슬
stimmen	쉬팀멘	맞다, 조율하다
kälter	캘터	더 차가운, 더 추운
ins = in das	인스 = 인 다스	in과 das의 축약형
das Café	카페	카페
montags	몬탁스	월요일마다
ab	압	~부터
frei	프라이	자유로운
die Nummer	눔머	번호
die Lehrerin	레러린	여자선생님
der Arzt	아르츠트	남자의사
das Gesicht	게지히트	얼굴
rot	로트	붉은
größer	그뢰써	더 큰
einladen	아인라덴	초대하다
der Geburtstag	게부르츠탁	생일
vielleicht	필라이히트	아마도
klar	클라	분명한

Lektion 11.

sprechen	쉬프레헨	말하다
sehen	제엔	보다
nehmen	네멘	취하다, 잡다
gehen	게엔	가다
haben	하벤	가지고 있다
fahren	파렌	(타고) 가다
essen	에쎈	먹다
schlafen	쉴라펜	자다
heißen	하이쎈	~라고 불리다
kommen	콤멘	오다
studieren	쉬투디어렌	연구하다
lernen	레르넨	공부하다
hören	회렌	듣다
das Buch	부흐	책
die Milch	밀히	우유
das Kind	킨트	아이
der Hund	훈트	개
die Wohnung	보눙	(공동주택)의 집
der Herr	헤어	남자, Mr.

Lektion 11. 다양한 동사를 이용한 말하기

die Uhr	우어	시계
der Student	쉬투덴트	남자대학생
die Katze	캍체	고양이
das Haus	하우스	집
die Toilette	토알레테	화장실
der Bus	부스	버스
der Taxi	탁시	택시
dürfen	뒤르펜	~해도 좋다
können	쾬넨	~할 수 있다
wollen	볼렌	~하기를 원한다
möchten	뫼히텐	~하고 싶다
müssen	뮈쎈	~해야 한다
sollen	졸렌	(당위로) ~해야 한다
helfen	헬펜	돕다
bleiben	블라이벤	머물다

딱! 한달 공부하는 쉬운 독일어

2024년 10월 25일 초판 1쇄 인쇄
2024년 10월 30일 초판 1쇄 발행

저　　자 | 이 소 영 著

출 판 사 | 도서출판 에듀컨텐츠휴피아
등록번호 | 제2017-000042호 (2002년 1월 9일 신고등록)
주　　소 | 서울 광진구 자양로 28길 98, 동양빌딩
전　　화 | (02) 443-6366
팩　　스 | (02) 443-6376
e-mail　 | iknowledge@naver.com
web　　 | http://cafe.naver.com/eduhuepia
만든사람들 | 기획·김수아 / 책임편집·이진훈 하지수 정민경 황수정 박정현
　　　　　 디자인·유충현 / 영업·이순우

I S B N | 978-89-6356-479-1 (13750)

정　　가 | 15,000원

> 이 책은 저작권법에 따라 보호받는 저작물이므로 무단전재와 무단복제를 금지하며, 책 내용의 전부 또는 일부를 이용하려면 반드시 저작권자의 서면 동의를 받아야 합니다.